KB167681

더 저널리스트
어니스트 헤밍웨이

일러두기

··· 연보를 포함한 모든 해설은 원문 자료를 참고했고, 신뢰할 수 있는 자료인
   지 확인하는 과정을 거쳤다. 이 과정에서 '마초이즘' '하드보일드' 등 헤밍
   웨이의 고착화한 이미지가 실제 그의 글쓰기 스타일과 거리가 있음을 파
   악했다. 이 책에 담을 글을 선정하는 데도 이 점을 충분히 반영했다.

··· 본문은 크게 시대순으로 나눈 뒤 부(部)로 구분했다. 각 기사의 원제를 함
   께 적었고, 내용이 잘 드러나도록 한글 제목을 편집해 달았다.

··· 열여덟 살의 신참 기자 헤밍웨이부터 스페인 내전을 목격하고 돌아온 삼
   십 대의 헤밍웨이가 번역에서 느껴질 수 있게 노력했다. 원문의 말투나 감
   정도 최대한 있는 그대로 담으려 애썼다.

··· 모든 각주는 역자주다.

더 저널리스트: 어니스트 헤밍웨이

초판 1쇄 발행 2017년 8월 15일
초판 2쇄 발행 2017년 10월 25일

지은이 어니스트 헤밍웨이 / **옮긴이** 김영진

펴낸이 김태헌
총괄 조기흠 / **편집이사** 이홍 / **기획편집** 최진
디자인 표지 정인호 내지 김은지 / **마케팅** 정재훈, 박태규, 김선영 / **제작** 박성우, 김정우

펴낸곳 한빛비즈(주) / **주소** 서울시 서대문구 연희로 2길 62 4층 한빛비즈(주)
전화 02-325-5506 / **팩스** 02-326-1566
등록 2008년 1월 14일 제313-2008-10호
ISBN 979-11-5784-201-8 03300

이 책에 대한 의견이나 오탈자 및 잘못된 내용에 대한 수정 정보는 아래 이메일로 알려주십시오.
잘못된 책은 구입하신 서점에서 교환해 드립니다. 책값은 뒤표지에 표시되어 있습니다.
홈페이지 www.hanbitbiz.com / 페이스북 hanbitbiz.n.book / 블로그 blog.hanbitbiz.com

지금 하지 않으면 할 수 없는 일이 있습니다.
책으로 펴내고 싶은 아이디어나 원고를 메일(hanbitbiz@hanbit.co.kr)로 보내주세요.
한빛비즈(주)는 여러분의 소중한 경험과 지식을 기다리고 있습니다.

더 저널리스트

어니스트
헤밍웨이

김영진 엮고 옮김

The
Journalist
Ernest 01
Hemingway

한빛비즈
Hanbit Biz, Inc.

헤밍웨이, 그리고 저널리즘

헤밍웨이는 미국을 대표하는 문학 작가로 알려져 있다. 그의 소설《태양은 다시 떠오른다》《무기여 잘 있거라》《누구를 위하여 좋은 울리나》는 국내에서도 널리 읽히며, 이 작품을 읽어보지 않은 이들도 노벨 문학상 수상작인《노인과 바다》스토리에 익숙하다. 그래서 우리가 흔히 떠올리는 헤밍웨이의 모습은 또렷한 눈매에 흰 머리칼, 덥수룩한 흰 수염을 한 노인이며, 그의 뒤로 수면을 차오르는 청새치의 이미지가 겹친다.

　헤밍웨이가 검은 머리를 한 젊은 청년이었을 때, 그는 작가가 아니었다. 북미와 유럽을 누비며 활약한 기자였다.

열여덟 살의 신참 기자로서 사람들의 삶을 관찰했으며, 20 대에는 해외 특파원 자격으로 유럽의 전쟁과 사회상을 보도했다. 소설가로 이름을 알린 후에도 헤밍웨이의 삶 일부는 여전히 '저널리스트'였다. 1930년대 스페인 내전 현장에도 있었고, 제2차 세계대전 당시에는 아시아 각국을 돌며 국제 정세부터 전투 현장까지 폭넓게 보도했다.

헤밍웨이는 경험을 중요하게 생각했다. 그의 글쓰기 지론은 '아는 것만 써야 한다'였다. 직접 보고 겪지 않은 것을 쓰면 언젠가 바닥이 드러난다고 믿었다. 작가의 상상력 또한 경험에서 비롯한다고 여겼고 "경험으로 배우는 게 많아질수록 더 진실에 가깝게 상상할 수 있다"고 말했다. 저널리스트로서의 경험은 헤밍웨이가 작가로 성장하는 기반이 되었다. 헤밍웨이는 전투 현장에서 목격한 장면들을 훗날 소설에 녹여냈는데, 그의 소설 작품에 자전적 요소가 많은 것도 이 때문이다.

그의 기사는 마치 한 편의 이야기처럼 생동감이 넘친다. 딱딱한 형식을 벗어나 대화체를 섞어 넣고, 소설의 한 장면처럼 상황을 묘사한다. 헤밍웨이의 직설적이고 간결한 문장은 첫 직장 〈캔자스 시티 스타The Kansas City Star〉에서 배운 글쓰기 기초에서 영향을 받았다. 그의 기사를 읽고 있으면 직접 보고 들은 현장이 그대로 그려진다. 자신만의 스타일을 구축한 저널리스트로서의 역량이 돋보이는 순간이다.

헤밍웨이가 한창 저널리스트로 활동하던 시기는 지금으로부터 거의 한 세기 전이다. 그런데 그의 기사에는 지금과 별반 다르지 않은 사회상이 그려져 있다. 1920년대 토론토의 시민들은 증명사진을 보정하는 데 큰돈을 썼다. 각종 수단을 동원해 생김새를 바꿔보려는 현대인들을 떠올리게 만든다. 군 복무를 기피하고 시치미 떼는 이들이나 유권자들과 가식적으로 악수만 하러 다니는 정치인을 비꼬는 기사도 있다. 헤밍웨이의 저널리즘 작품은 사회 비판의 시각을 담은 글로서 독립적 가치를 지닌다.

저널리스트로서의 헤밍웨이를 읽게 되면 훗날 그가 집필한 문학 작품들의 탄생을 자연스럽게 이해할 수 있다. 작가 헤밍웨이를 이해하는 폭이 훨씬 넓어진다. 헤밍웨이는 기사를 통해 불평등과 부조리, 언제 끝날지 알 수 없는 인간의 고통, 파시즘에 대한 두려움 등을 서술했다. 무엇을 보고 어떤 생각을 했는지 그 의식의 흐름을 따라가다 보면 작가 헤밍웨이의 시각이 더욱 뚜렷해진다. 평소 헤밍웨이의 작품을 어렵게 느낀 독자들에게는 유용한 참고 자료가 될 수 있다.

이 책은 헤밍웨이의 저널리즘 작품만 선별해 국내에 소개하는 첫 시도다. 그의 논픽션 작품이 한 권으로 묶여 나오기 힘든 데는 여러 이유가 있다. 첫째, 기사가 실린 매체가 워낙 다양하고 양이 방대하다. 둘째, 대다수의 매체가 원고를 디지털화하지 않거나 온라인으로 제공하지 않아 자료 접근이 어렵다. 단행본으로 묶여 나온 자료 역시 지금은 절판된 경우가 많다. 마지막으로 기사를 실었던 매체가 더는 존재하지 않는 경우, 추가 자료 확보에 어려움이 있다.

그래서 책을 묶어 내기까지 다양한 자료 수집 경로가 동원됐다. 디지털화한 매체의 자료는 최대한 입수했다. 해외 도서관이 소장한 도서와 중고로만 유통되는 도서들을 통해 여러 자료들을 확보했다. 디지털화하지 않은 자료 일부는 온라인상의 스캔본으로 구하기도 했다.

헤밍웨이가 작성한 수백 건의 기사 중 무엇을 골라 엮을지 결정하는 데는 몇 가지 기준이 적용됐다. 첫째, 헤밍웨이가 문제의식을 느끼고 다룬 주제에 집중했다. 사회 부조리와 평화를 향한 열망, 전쟁을 보는 시각 등이 중심이 됐다. 둘째, 기자이면서 동시에 전략가로도 알려질 만큼 국제 정세와 전쟁에 밝았던 헤밍웨이의 모습을 강조했다. 그의 취미였던 복싱이나 낚시에 관한 기사가 다수 존재하지만, 이 영역은 차후 소개할 기회가 있으리라 여기고 배제했다. 셋째, 작가 헤밍웨이를 이해하는 데 도움이 되는 기사, 그의 인간적인 면모가 돋보이는 기사를 우선했다.

시대와 역사에 관한 설명은 각 기사의 맥락 이해를 돕기 위해 작성되었다. 지금 우리 사회의 이슈를 다룬 기사가 만약 한 세기 후에 읽힌다면 역시 배경 지식이 필요하리라 생각한다. 시대상을 보여주되 우리나라 독자들의 시각에서 궁금해할 역사적 배경을 먼저 설명해주려 애썼다.

저널리스트 출신의 작가들은 곳곳에서 찾아볼 수 있다. 정돈된 문체 속에 감춰진 특유의 감정 묘사는 그들의 매력 중 하나일 뿐이다. 세상을 좀 더 명확하고 냉철하게 관찰하는 눈을 가진 사람들. 나는 그들의 안목을 존경한다. 할 수 있다면 이렇게 의미 있는 작품들을 묶어 소개하는 작업을 계속하려 한다. 내 몫은 좋은 글을 발굴해 옮기는 것이다. 무작정 내민 헤밍웨이 기사 몇 편에 공감해 함께 뜻을 모아준 출판사 한빛비즈에 감사한다.

이 책을 통해 독자들이 인간 헤밍웨이, 그리고 저널리스트이자 소설가로서의 헤밍웨이를 조금 더 잘 이해할 수 있기를 희망한다.

2017년 7월 김영진

| 작가 연보 |

1899 미국 일리노이 오크파크에서 출생

7월 21일, 어니스트 헤밍웨이는 의사였던 아버지 클래런스 헤밍웨이와 성악가였던 어머니 그레이스 사이에서 2남 4녀의 장남으로 태어났다. 아버지로부터 사냥과 낚시, 캠핑을 배웠다.

1917 고등학교 졸업과 취업(18세)

오크파크 고등학교를 졸업했다. 헤밍웨이는 복싱 등 다양한 스포츠를 즐기는 학생이었다. 교내 신문인 트래피즈에 글을 썼고, 에디터를 맡기도 했다.

그가 고등학교 3학년이었을 때 미국이 독일에 전쟁을 선포했다. 미국이 제1차 세계대전에 뛰어든 것이다. 헤밍웨이는 육군에 자원입대를 원했으나 왼쪽 눈이 좋지 않았고 아버지도 반대해 입대는 무산됐다. 대신 고향에서 멀지 않은 지역신문사 〈캔자스 시티 스타〉에서 수습기자로 일을 시작했다. 7개월 동안 근무하면서 글쓰기의 기초를 닦았다.

1918 자원입대로 이탈리아에 배치됨(19세)

미국 적십자의 모병에 지원했고 구급차 운전병으로 입대했다. 6개월짜리 임무였다. 제1차 세계대전에서 미국은 영국, 러시아, 프랑스가 주축인 연합군에 속했고, 이탈리아는 독일, 오스트리아와 맺은 동맹을 깨고 연합군을 지원했다. 헤밍웨이는 연합군 전선인 이탈리아 북동부에 배치됐으나 몇 주 지나지 않아 오스트리아군이 쏜 포탄 파편에 다리를 다쳤다. 동행했던 이탈리아 병사를 구하다 오른쪽 무릎에 추가로 총상까지 입었다. 이때의 경험이 훗날 《무기여 잘 있거라》에 영향을 주었다. 이탈리아 정부는 그의 용기를 치하하며 메달을 수여했다.

입원 기간 동안 적십자 소속의 간호사 아그네스 본 쿠로스키와 사랑에 빠진 이야기는 유명하다. 제1차 세계대전은 곧 종전했다.

1919 캐나다 토론토로 이주, 새 직장 구함(20세)

귀국한 헤밍웨이는 실연한다. 곧 미국으로 돌아온다던 쿠로스키가 결별을 선언한 것이다. 평론가들은 이 사건이 헤밍웨이의 삶에 큰 영향을 미쳤다고 말한다. 헤밍웨이는 참전 용사로 환대받았지만 가족과는 단절됐다. 당시 집필한 작품 《우리들의 시대에》를 보면 귀향 후 적응에 힘들어하는 군인의 모습이 보인다. 지인의 제안으로 캐나다 토론토로 거처를 옮기고, 일간지 〈토론토 스타〉의 편집장을 소개받았다. 프리랜서로 기사를 쓰기 시작한다.

1921 결혼, 프랑스 파리 입성(22세)

9월에 엘리자베스 해들리 리처드슨과 결혼했다. 헤밍웨이가 〈토론토 스타〉 해외 특파원으로 임명되면서 두 사람은 파리로 이주한다. 경제적으로 풍족하지 않은 생활이었지만, 여러 문화계 인물들과 친분을 쌓았다. 거트루드 스타인, 제임스 조이스, 에즈라 파운드와 친해졌고 파블로 피카소, 호안 미로 등을 만났다.

1922 해외 특파원으로 유럽을 보도(23세)

유럽 특파원으로서 독일 인플레이션, 전후 경제 협정을 논의한 제노아 회의 등 당대 현안을 보도했다. 얼마 후 이탈리아의 무솔리니를 수차례 인터뷰하기도 했다. 그리스-터키 전쟁을 보도하면서 목격한 피난민 행렬은 《무기여 잘 있거라》의 장면 묘사에 도움이 됐다.

1925 소설 집필에 매진(26세)

파리에서 가깝게 지낸 F. 스콧 피츠제럴드가 《위대한 개츠비》를 출간했다. 헤밍웨이도 기자 생활을 접고 소설 집필에 매진했다. 투우, 사랑과 좌절을 주제로 한 《태양은 다시 떠오른다》를 쓰기 시작해 약 8주에 걸쳐 완성했다. 이 시기에 여러 차례 스페인 팜플로나를 방문해 투우를 관람했다. 훗날 자신이 투우에 끌린 이유를 '전쟁이 끝나 더 이상 무참한 죽음을 통한 삶과 죽음을 목격할 장소가 없었다'고 설명했다.

1926 《태양은 다시 떠오른다》 발표(27세)

10월 《태양은 다시 떠오른다》를 발표해 문단의 큰 호응을 얻었다. 거트루드 스타인의 '너희는 모두 잃어버린 세대' 발언을 책의 비문으로 적었고, 이 말은 제1차 세계대전 시대에 성인이 된 세대를 지칭하는 표현으로 자리 잡았다.

1927 폴린 파이퍼와 결혼(28세)

리처드슨과 이혼하고 재정적으로 풍족한 가톨릭 집안 출신 폴린 파이퍼와 결혼했다. 아들 둘을 두었으나 이후 결혼에서는 자녀를 두지 않는다. 10월 《여자 없는 남자들》을 발표했다.

1928 미국으로 이주(29세)

미국 플로리다 키웨스트로 이주했다. 플로리다로 향하는 길에
아버지의 자살 전보를 받았다. 키웨스트에서 십여 년을 머문다.

1929 《무기여 잘 있거라》 발표(30세)

《무기여 잘 있거라》를 완성하고 발표했다. '작가로서 입지를 완
성시킨 작품'이라는 평을 받았다. 미국 경제 대공황이 발생한다.

1933 아프리카 여행(34세)

아프리카에서 사냥을 하며 석 달 정도 시간을 보냈다. 케냐 나이
로비, 몸바사, 세렝게티 등을 여행한다.

1934 낚싯배 구입(35세)

낚싯배 '필라Pilar'를 구입하고 여기서 많은 시간을 보냈다. 이듬
해부터 쓰기 시작한 《가진 자와 못 가진 자》, 《노인과 바다》에서
묘사한 바다 위 모습은 이때의 경험에서 비롯됐다.

1936 스페인 내전 발발(37세)

스페인 내전이 시작됐다. 헤밍웨이는 키웨스트에서 만난 소설가
이자 저널리스트인 마사 겔혼과 함께 스페인 내전을 보도하기로
한다.

1937 스페인 내전 보도(38세)

북아메리카신문연합의 통신원 자격으로 스페인에 발을 딛는다.

내전의 참상을 알리고 공화파 후원을 독려하고자 다큐멘터리 〈스페인의 대지〉 제작에 참여한다.

1939 귀국과 집필(40세)

미국으로 귀국, 스페인 내전을 배경으로 한 소설 《누구를 위하여 종은 울리나》의 집필을 시작한다. 스페인 내전은 종결됐지만 얼마 지나지 않아 제2차 세계대전이 시작된다.

1940 쿠바로 이주, 세 번째 결혼(41세)

쿠바 아바나로 거처를 옮긴다. 이후 여생 대부분을 쿠바에서 보낸다. 《누구를 위하여 종은 울리나》를 발표했다. 파이퍼와 이혼하고 겔혼과 결혼했다.

1941 미국, 제2차 세계대전 참전 선언(42세)

제2차 세계대전과 아시아 정세를 보도하기 위해 겔혼과 함께 홍콩으로 향했다. 중국에서는 중일 대립을 보도했고, 장개석 부부를 만났다.
미국이 영국, 소련 등 연합군에 군수 물자 지원을 시작했다. 12월 일본의 진주만 습격 후에는 공식적으로 참전을 선언했다. 헤밍웨이는 자신의 배 필라를 무장시키고 카리브해를 통해 들어올지 모를 독일 잠수함 순찰에 나선다. 공식 임무를 부여받은 기록은 없으나, 소련 측 정보원 명단에 헤밍웨이의 이름이 올라 있다는 증언이 존재한다.

1944 전쟁 보도를 위한 유럽행(45세)

유럽을 오가며 전쟁 보도를 이어갔다. 영국왕립공군 정찰에 동행했고, 노르망디 상륙작전을 근거리에서 목격하고 보도했다. 프랑스로 넘어가 허가 없이 민병대를 조직하고 활동하려다 처벌받을 뻔했다. 런던에서 전쟁을 보도하던 저널리스트 메리 웰시를 만난다.

1945 제2차 세계대전 종전(46세)

겔혼과 이혼했다. 4월에 무솔리니와 히틀러가 살해됐고, 5월에 독일이 패전을 선언하면서 제 2차 세계대전이 끝났다. 8월 히로시마에 원자폭탄이 투하됐고 일본이 패전을 선언했다.

1946 건강 악화, 네 번째 결혼(47세)

헤밍웨이의 건강이 급속히 악화하기 시작했다. 연이어 자동차 사고가 났고, 술에 빠지면서 힘들어했다. 글을 쓰려고 노력했지만 성과를 내지 못했다. 스콧 피츠제럴드와 제임스 조이스, 자신의 오랜 편집자 등 가까운 지인들의 죽음을 겪게 된다. 웰시와 결혼했다.

1950 이어지는 슬럼프(51세)

《강 건너 숲 속으로》를 발표했지만 평이 좋지 않았다.

1951 《노인과 바다》 완성, 퓰리처상 수상(52세)

《노인과 바다》 집필을 마치고 발표한다. 이듬해 5월, 소설 부문 퓰리처상을 받았다.

1954 아프리카 여행 중 비행기 사고(55세)

콩고 휴가 중 비행기 사고로 크게 다친다. 다음 날 병원으로 이송 중 비행기가 이륙 과정에서 다시 폭발한다. 머리를 비롯해 심각한 부상을 입는다. 당시 언론은 헤밍웨이가 사망했다는 오보를 내기도 했다.

얼마 뒤에 떠난 낚시 여행에서 화재를 겪으며 또다시 부상을 입는다. 여러 군데 화상을 입었고 신부전, 간 파열 등을 겪은 것으로 알려진다. 10월 노벨 문학상을 받게 되지만 몸 상태 때문에 스웨덴 스톡홀름 시상식장에 가지 못했다.

1959 쿠바를 떠남(60세)

쿠바를 떠나 아이다호 케첨으로 이주했다. 우울, 불안 등 여러 증상에 시달렸다. 글쓰기에도 어려움을 겪었다. 병원에 입원해서 전기 충격 요법을 받았는데, 대표적인 부작용으로 우울증 및 기억상실이 알려져 있다. 미국 정부가 자신을 감시한다고 불안해했는데, 실제로 FBI가 헤밍웨이의 소재와 입원 사실을 알고 있었음이 훗날 드러났다.

1961 사망(62세)

정신 질환 증세가 심해져 다시 입원했다. 6월 30일에 퇴원해 케첨 집으로 돌아왔다. 사흘 뒤 7월 2일 아침에 머리에 총상을 입은 채 발견됐다. 유족은 사고사로 발표했지만, 곧 자살임이 알려졌다.

나중에 그가 평생 유전에 의한 혈색소침착증에 시달렸을 가능성이 제기됐다. 간경변, 피부색소침착, 당뇨병, 우울증 등이 증상인 질환이다. 그의 집안에 유난히 자살이 많은 이유 – 다섯 형제 중 본인을 포함해 세 사람, 그리고 아버지 – 역시 유전병의 영향인 것으로 추측한다.

차 례

3부 전쟁은 아직 끝나지 않았다

4부 스페인 내전을 들여다보다

5부 전쟁이란 무엇인가

1부

신참 기자 헤밍웨이,
시대를 말하다

1917년 고등학교를 갓 졸업한 열여덟 살의 헤밍웨이는 대학 진학, 취직, 참전이라는 세 가지 선택지 앞에 서 있었다. 헤밍웨이가 진정 원한 건 전쟁터로 향하는 것이었다. 하지만 가족들은 만류했고 시력마저 좋지 않았다. 헤밍웨이는 입대를 포기하고 친척의 소개로 미주리주의 지역 신문사인 〈캔자스 시티 스타〉에 취직한다. 신참 기자로 기사를 쓰기 시작한 헤밍웨이는 이후 몇 년간 기자 생활을 한다.

캔자스 시티 스타에서의 근무는 채 1년을 채우지 못한다. 이탈리아 전선에 자원 입대한 헤밍웨이는 부상을 입고 귀국한 후, 캐나다 토론토의 지역 신문사인 〈토론토 스타The Toronto Star〉에서 기자 생활을 재개한다. 능력을 인정받은 헤밍웨이는 그토록 원했던 파리 특파원이 되어 유럽 내 전쟁을 보도할 기회를 얻는다. 헤밍웨이는 1924년까지 〈토론토 스타〉에서 전업 기자 생활을 한다.

저널리스트로서 헤밍웨이의 활동 시기는 크게 둘로 나뉜다. 신참으로 시작해 전업 기자로 활동한 초기(1910년대 후반~1920년대 중반)와 작가로 명성을 얻은 후 특정 보도 임무를 맡아 활동한 시기(1930년대 이후)다. 헤밍웨이가 기자 생활을 시작한 1920년대는 전쟁 직후 '광란의 20년대'라 불렸다. 제1차 세계대전이 끝나며 군수 물자를 만드는 데 동원됐던 일자리가 사라졌고, 무리 지어 귀국한 군인들은 좀처럼 일자리를 구하지 못했다. 경제는 취약했고 파업이 이어졌다. 헤밍웨이는 〈캔자스 시티 스타〉에서 경찰서와 병원, 기차역 등을 돌며 그날의 사건을 취재했다. 이때 그가 작성한 기사에는 당시 소외 계층의 모습과 이들이 겪는 사회 부조리가 고스란히 담겼다. 대화체와 상황 설명 비중이 높은 이 기사들은 훗날 소설 속 묘사의 모티프가 되기도 한다.

헤밍웨이가 〈토론토 스타〉로 자리를 옮겨 작성한 기사에서도 여전히 불안정한 사회 모습이 엿보인다. 캐나다 또한 제1차 세계대전에 연합군으로 참전했다가 그 여파에 시달리고 있었기 때문이다. 당시 기사에 등장하는 참전 군인들의 궁핍한 생활, 이와 대비되는 부유층의 모습은 헤밍웨이가 젊은 시절부터 전쟁의 진실, 사회 불평등에 문제의식을 갖고 있었음을 보여준다.

시장님은 왜 경기를 안 보고 유권자들만 챙기나

Sporting Mayor At Boxing Bouts

×

Toronto Star Weekly 1920. 3. 13.

처치 시장님[1]은 모든 스포츠 경기의 열광적인 팬이다. 시장님은 복싱, 하키를 포함한 모든 남자들의 스포츠를 열광적으로 좋아하신다. 관중이면서 동시에 유권자인 이들이 모여 있는 스포츠 경기에는 어김없이 등장하신다. 구슬치기나 뜀틀 넘기, 땅따먹기를 지켜보는 관중이 선거 가능한 연

---

1   헤밍웨이가 일한 〈토론토 스타〉는 진보 성향의 신문사였고, 당시 토론토 시장을 지낸 토마스 랭턴 처치는 보수 성향이 뚜렷한 포퓰리스트 정치인이었다. 〈토론토 스타〉에는 그를 비판하는 기사가 곧잘 실렸다.

령의 시민이었다면 시장님은 그 현장에도 아마 열성적으로 참여했을 것이다. 하지만 선수들의 나이가 너무 어려 이 모든 현장에 나가길 원했던 시장님의 바람은 아쉽게 접어야만 했다.

며칠 전에 시장님과 나는 매시 홀에서 열린 복싱 경기에 참관했다. 함께 갔다는 말이 아니고 시장님이 간 곳에 나도 있었다는 뜻이다.

시장님의 입장 행렬은 인상적이었다. 시장님은 한참 동안 일어서서 친분이 있는 사람들, 자신을 알아보는 사람들과 인사를 나눴다.

"저게 누구랍니까?" 옆자리의 남자가 물었다.

"시장님이잖아요." 내가 답했다.

"거기 앞에! 좀 앉읍시다!" 그 남자가 외쳤다.

시장님은 첫 경기를 엄청 즐기시는 듯 보였다. 라운드 내내 주변에 앉은 이들과 악수를 나눴다. 마지막 라운드 종료를 알리는 종이 쳤는데도 악수를 멈추지 않는 걸 보니 경기가 끝났다는 걸 미처 알아차리지 못하신 듯했다.

경기 중간중간 시장님은 자리에서 일어나 주변 관중을 둘러보곤 했다.

"저 사람 뭐 하는 거지? 사람 수를 세보려는 건가?" 옆자리 남자가 내게 물었다.

"아니에요. 시장님은 스포츠를 사랑하는 우리 시민들

에게 자기가 얼마나 대단한 스포츠 팬인지 알려주려는 거예요."

"거기 앞에! 좀 앉으라고!" 남자가 화난 목소리로 외쳤다.

다음 두 경기가 이어지는 동안 시장님은 관중 속에서 안면이 있는 사람을 몇 명 더 찾아내서는 그들에게 손을 흔들었다. 군복을 입은 군인들과 일일이 악수를 하고, 확실히 해두려는 듯 몇몇 사람과는 두세 번씩 손을 맞잡았다.

다음 경기에 나선 스코티 리스너 선수가 상대 선수에게 흠씬 두드려 맞고 있었다. 시장님의 시선은 좀처럼 링을 향하지 않았지만 관중이 박수를 칠 때는 손바닥에 불이 나게 박수에 동참했다.

시장님이 자기 오른편에 앉은 사람에게 물었다.

"리스너가 참 잘하고 있네요, 그렇죠?"

상대는 참 딱하다는 눈빛으로 시장님을 바라봤다.

"리스너가 더 실력 있는 선수라는 걸 내가 진작 알아봤다니까요." 시장님은 만족스러운 표정으로 말을 던지고는 악수를 나눌 상대를 찾기 위해 다시 두리번거리기 시작했다.

경기가 끝나자 주심이 세 명의 부심과 상의한 뒤 리스너의 상대 선수 손을 들어 올려 승리를 알렸다. 시장님이 벌떡 일어섰다.

"리스너 선수가 이겨서 참 좋네요!" 시장님은 열광적인 목소리로 외쳤다.

"저 사람이 진짜 시장이라고요?" 내 옆자리 남자가 다시 물었다.

"맞아요, 스포츠를 사랑하는 시장님이라니까요." 내가 답했다.

"거기 앞에! 좀 앉으라니까!" 옆자리 남성이 거친 목소리로 소리쳤다.

시장님은 마지막 경기를 제일 재미있게 관람한 것으로 보인다. 물론 경기 자체를 지켜봤다는 뜻은 아니고, 여태껏 악수하지 못한 사람을 여럿 발견했다는 뜻이다. 경기가 진행되는 동안 관중석에서는 여러 차례 야유와 환호가 터져 나왔는데, 시장님은 사람들이 환호성을 지르는 타이밍에 종종 아무 생각 없이 야유 소리를 내기도 했다. 그럴 때는 아주 잽싸게 내던 소리를 바꾸곤 했다. 야유에서 환호성으로 소리를 바꾸는 기술이 어찌나 능숙한지 마치 자동차의 기어를 바꾸는 것 같았다.

모든 경기가 끝나자 시장님은 딴 데 정신이 팔린 듯 "미팅은 여기까지!"라고 외친 후 자동차가 있는 쪽으로 달려나갔다. 아마 시 의회 미팅에 왔다고 착각했던 것 같다.

시장님은 복싱만큼 하키도 좋아한다. 만약에 벼룩 싸움이나 스웨덴식 카드 게임, 호주 부메랑 경기가 유권자들

사이에 인기를 얻는다면 매 경기 링사이드에서 시장님의 모습을 볼 수 있을 것이다. 시장님은 이렇게 모든 스포츠를 사랑하신다.

구급차에
실려 오는 사람들

At the End of the Ambulance Run

×

Kansas City Star 1918. 1. 20.

야간 구급차 응급팀이 길고 어두운 병원 복도를 황급히 뛰고 있었다. 들것 위에는 축 늘어진 환자가 누워 있었다. 응급실 입구에서 대기하고 있던 의료진은 의식이 없는 환자를 수술대 위로 들어 올렸다.

군은살 박인 손에 지저분한 머리칼이 헝클어진 환자는 시장통에서 벌어진 싸움의 피해자였다. 그가 어디에서 온 누구인지 아는 사람이 아무도 없었다. '조지 앤더슨'이라는 이름이 적힌 영수증 한 장만이 겨우 그의 신원을 알렸다. 네브라스카 시골 동네에 있는 집 대출금 10달러를 상환한 영수증이다.

수술을 담당한 의사가 잔뜩 부은 환자의 눈꺼풀을 들어 올렸다. 눈알이 왼쪽으로 쏠려 있었다. "두개골 좌측 골절." 의사가 수술실 테이블 끝에 선 의료진에게 말했다. "조지 선생, 그 집 대출 전부 갚는 건 글렀구먼."

이때 '조지 선생'이 무언가 만지려는 듯 한쪽 손을 들어 올렸다. 혹시 굴러 떨어질세라 의료진이 황급히 그의 몸을 붙잡았다. 하지만 모든 게 귀찮다는 듯 심드렁하게 얼굴을 몇 번 긁더니 도로 손이 내려왔다. 네 시간 후 그는 사망했다.

이런 광경은 도시 진료소에서 밤마다 볼 수 있다. 밤뿐만 아니다. 낮에도 반복되는 광경이다. 굳이 차이가 있다면 야간 병동에서는 좀 더 다양한 삶과 죽음의 민낯을 엿볼 수 있다. 때로는 우습기까지 한 그런 사연들 말이다. 야간 병동에는 '조지 선생' 같은 이들이 핏자국에 찌든 들것에 실려 온다. 의료진은 거적때기 같은 옷을 잘라내고 여기저기 박살 난 몸을 흰 수술대 위에 올린다. 의사가 굳은 얼굴로 수술에 매달리는 동안 실낱같은 숨이 이어진다. 이 숨이 어느 순간 툭 끊어지고 말지, 아니면 '조지 선생'이 이 순간을 잘 버텨내고 다시 일어설지 그 운명을 가르는 곳이 바로 야간 병동이다.

새 환자가 들어온다. 키 작은 남자가 절뚝거리며 들어온다. 구급대원과 덩치 큰 경찰관이 양쪽에서 그를 부축하고 있다. "의사 선생님, 이번에는 진짜 강도를 붙잡았어요. 진짜 강도요. 이 친구 좀 보세요!" 경찰관이 히죽거리며 말한다. "이 친구가 약국을 털러 들어갔는데 거기 직원 하나가 제대로 한 방 쏜 거죠. 그러니까……"

"잠깐만요, 다 합쳐서 거기 셋이나 있었잖아요. 아니, 셋이 한꺼번에 총을 쏘는 게 어딨습니까?" 강도가 말에 끼어들었다. 강도질한 걸 부정해봐야 소용없는 상황이니 그보다는 이 꼴이 된 데에 그만한 이유가 있다고 항변하는 게 더 낫다고 판단한 모양이다. "셋 중 하나는 맞춘 줄 알았는데…… 뭐, 다음엔 좀 낫겠지."

"어이, 얼른 이 옷이나 좀 벗겨줘요. 피에 다 젖겠네. 옷 버리지 않게 조심하고요." 강도는 풀이 죽은 모습이다. 얼굴을 가리려고 둘렀던 붉은 손수건이 여전히 그의 목 언저리에 늘어져 있다.

강도가 담배를 하나 말기 시작했다. 의료진이 그의 옷을 벗겼다. 총알 하나가 바닥에 찰그랑, 떨어졌다. "이야, 이거 좀 봐요. 총알이 뚫고 지나갔다고 내가 말했잖아요. 의사 양반, 이만하면 좀 빨리 나갈 수 있겠죠?"

"네, 병원에서는 빨리 나가시겠네요." 의사가 의미심장하게 답했다.

그날 강도가 든 27번가 약국에서 38구경 권총을 발사한 약국 직원의 시곗줄에는 지금 38구경 총알 하나가 매달려 있다.

어느 날 밤에는 면도칼에 찔린 흑인[2]이 실려 왔다. 사람들은 흑인들이 면도칼을 쓴다는 걸 농담처럼 말하지만 그건 소문이 아니라 진짜다. 면도칼로 입은 상처는 심장 아랫부분을 도려낼 정도로 깊었다. 가망이 없어 보였다.

의사는 그의 가족에게 희망이 없다고 알렸다. 의료진은 그의 심장을 여러 바늘 꿰맸는데, 다음 날 상태가 빠르게 호전됐고 담당 경사와 면담이 이루어졌다.

"경사 나리, 이건 제 친구가 실수로 그런 겁니다." 흑인이 들릴 듯 말 듯한 목소리로 답했다. 경사가 달래기도 하고 협박도 해봤지만 그는 끝내 가해자의 정체를 밝히지 않았다. "그럼 그냥 그렇게 죽으시든가." 속이 탄 경관이 뒤돌아서며 말했다.

그 흑인은 죽지 않았다. 몇 주 지나 퇴원했다. 그리고 얼마 안 있어 면도칼에 장기가 잘려 나간 시신 한 구가 발견됐다. 경찰은 그 흑인에게 상처를 입힌 가해자가 누구였는지 그제야 알게 되었다.

"흑인 동네에서는 면도칼을 쓰고, 윗 블록[3]에서는 그냥

---

2   원문에는 'negro'로 표현.

3   술집이 몰려 있는 지역.

두드려 패요. 리틀 이탈리아[4]는 장총 총대를 톱으로 날카롭
게 잘라낸 걸 좋아하고요. 어떤 식으로 사람을 요리했는지
보면 어느 동네 출신인지 바로 알 수 있어요." 한 간병인이
설명했다.

그렇다고 응급실 의료진이 늘 폭력이나 허망한 죽음
만 접하는 건 아니다. 종종 가난한 이들의 상처와 질병을
치료하기도 한다. 한 막일꾼은 아침에 불을 때려다 등유를
너무 많이 붓는 바람에 한쪽 발에 화상을 입었다. 한 남자
아이는 코가 이상하다며 엄마 손을 잡고 병원을 찾았다. 아
이가 몸을 뒤트는 동안 콧구멍에 기구를 찔러 넣는다. 쇠막
대기 끝에 곧 싹이 틀 것 같은 옥수수 한 알이 딸려 나온다.

인쇄 공장에서 일하는 한 노인은 패혈증으로 부어오
른 손 때문에 병원을 찾았다. 활자판의 납 성분이 곪힌 상
처 속으로 침투한 것이다. 의사는 왼손 엄지를 절단하자고
말했다.

"아니, 그게 뭔 소립니까? 그게 참말입니까? 차라리
잠수함 잠망경을 자르는 게 낫죠! 저는 엄지손가락이 없으
면 안 되는 사람이에요. 손으로 벌어먹고 사는 사람이라고
요. 소싯적에는 하루에 인쇄판을 여섯 쪽까지 맞췄어요. 자

---

4   이탈리아 출신 이민자 지역.

동식자기가 들어오기 전까지 말이죠. 지금도 인쇄 일에는 수요가 있어요. 원래 예술적인 일은 손으로 하는 거 아닙니까. 그런데 손가락을 잘라버리면…… 생각을 좀 해보세요, 엄지를 잘라버리면 이 손으로 스틱[5]을 어떻게 잡습니까? 선생님, 꼭 잘라야 하는 게 맞아요?"

노인은 일그러진 얼굴로 고개를 푹 숙인 채 절뚝거리며 병원 문을 나섰다. 전쟁터에서 오른손을 잃는다면 차라리 자살하고 말겠다던 어느 프랑스 화가야말로 노인의 외로운 고통을 이해할 수 있을지 모른다.

그날 밤, 몇 시간 만에 노인이 돌아왔다. 잔뜩 술에 취한 상태였다.

"거, 의사 양반, 해버립시다! 자를 거 다 자르십시다!" 노인이 끅끅거리며 말했다.

한번은 캔자스 어느 도시 출신의 남자가 실려 왔다. 언뜻 봐도 멀쩡한 허우대에 호감형 얼굴을 가진 이 남자는 캔자스 시티에 들러 이제 좀 '놀아보려던' 참이었다. 그의 가족들은 영원히 모를 숨겨진 사실이다. 와인 바에서 발견된 남자는 이미 사망한 채 구급차에 실려 왔다. 사인은 심장질환에 의한 뇌졸중으로 기록됐다. 젊은 여자가 독극물을 마

---

5   활자를 뽑아 문장체를 구성할 때 쓰는 식자^{植字}용 소도구.

시고 실려 온 경우도 있다(이런 경우는 의외로 흔하다). 여자를 살려낸 의료진은 여자의 사정을 좀처럼 언급하지 않는다. 차라리 여자가 죽었다면 속 편히 이야기했을지도 모른다. 하지만 여자는 죽지 않았고, 앞으로 살아갈 날이 많지 않은가!

야간 병동은 오늘도 바삐 돌아간다. 밤이 끝날 즈음 누군가에겐 깨끗한 침대와 위스키가 포함된 처방전이, 누군가에겐 무연고자를 위한 공동묘지 구석 자리가 주어진다. 치료는 모두에게 공평하다. 환자가 다친 이유나 환자의 공적을 가리지 않는다.

다시 전화벨이 울린다. "응급 병동입니다." 데스크에 있는 간호사가 답한다. "4번 지구대요? 총상이요? 바로 출동하겠습니다." 구급차가 어둠 속으로 노란 불빛을 뿜으며 체리 스트리트 언덕을 넘는다.

천연두 환자

Throng at Smallpox Case

×

Kansas City Star 1918. 2. 18.

천연두 환자 이송용 구급차의 운전사, 그리고 남자 간호사는 오늘 아침 병원에서 출발해 시 차량 정비소로 향했다. 두 사람이 노스사이드 정비소에서 구급차 엔진을 손보던 그 시간, 얼굴과 양손이 천연두 물집으로 뒤덮인 한 남자가 유니언 역 입구 한쪽에 쓰러져 있었다. 처음 제보 전화가 울리고 1시간 15분이 지나서야 구급차 운전사와 간호사는 환자를 병원으로 이송했다. 환자의 이름은 G.T. 브루어, 주소는 웨스트 42번가 926번지. 구급차는 정비를 마친 상태였다.

　　바로 이어 또 한 대의 구급차가 들어왔다. 전염병 환자

이송을 담당하는 이 구급차는 유니언 역으로부터 수차례 배차 요청을 받은 닥터 제임스 타이리가 보낸 것인데, 정비까지 마치고 들어온 앞 구급차와 거의 비슷하게 들어온 셈이다.

생명보험 판매원 G.T. 브루어는 오늘 아침 기차로 캔자스 체리베일에서 출발했다. 역 순찰 담당 경관인 제임스 맥마너스가 브루어를 발견한 건 오전 9시. 브루어는 서쪽 출구 복도에 쓰러져 있었다. 물밀듯 걸음을 재촉하는 인파가 브루어를 피해 지나쳤고, 호기심 많은 행인 몇몇이 무슨 일인지 궁금해했다. 오전 9시 50분, 맥마너스 경관은 브루어 곁으로 다가오는 인파를 막으라며 경찰관 한 명을 세워 두었다.

맥마너스 경관의 말에 따르면 그는 브루어를 발견하자마자 병원 내 감염 부서에 전화를 걸었고, 곧 구급차가 배차된다는 약속을 받았다. 시간이 흘러 두 번 더 전화를 걸었고, 이때마다 병원에서는 구급차가 가는 중이라고 답했다. 전화를 받은 닥터 타이리는 맥마너스 경관에게 환자를 거기 있는 경찰서 안으로 옮겨 놓으라고 충고했고, 맥마너스 경관은 그러다 더 많은 사람을 감염에 노출시킬 수 없다며 이를 거절했다고 한다. 닥터 타이리는 구급차가 "아주 금방" 도착할 거라고 거듭 약속했다.

구급차가 역에 도착한 건 10시 15분. 운전사는 '다른 환자 이송 중에 차가 고장 났다'고 상황을 설명했다고 한다. 닥터 타이리는 나중에 설명을 보탰다. 일반 구급차(90번 차량)가 어젯밤 고장 났고, 그래서 오늘 처음 배차 요청이 들어왔을 때 천연두 환자 이송용 구급차인 92번 차량을 9시 5분에 배차했다는 것이다.

"그런데 그 차마저도 고장이 났다지 뭡니까." 닥터 타이리가 말을 이었다. "운전사와 간호사는 정비소에서 차를 수리하고 가야겠다고 판단했답니다."

참고로 말하면, 병원에서 노스사이드 차량 정비소까지 가는 거리와 병원에서 유니언 역을 왕복하는 거리는 별반 차이가 없다.

닥터 타이리는 경찰의 처사를 비판하는 말을 덧붙였다. 브루어를 격리된 공간으로 바로 옮기지 않고 "수많은 유동 인구가 천연두에 노출되게 놔뒀다"는 얘기였다.

유명인을
거래하면 어떨까

Why Not Trade Other Public Entertainers Among
the Nations as the Big Leagues Do Baseball Players?

×

Toronto Star Weekly 1921. 2. 19.

프로 야구에서 선수들을 영입하고 방출하듯 유명인을 거래
하는 건 어떨까? '알렉 선수, 레드레그 팀으로?', '혼스비 방
출, 루머로 판명' 같은 헤드라인은 신문에서 매일 볼 수 있
다. 유명인 거래를 국제화하면 이런 이야기가 신문에 실리
지 않을까?

클레망소, 매물로 나와

프랑스 파리, 2월 5일

최근 보도에 의하면 프랑스는 조르주 클레망소[6]를 대체할 양질

의 정치인 몇 명을 구입할 계획을 세웠다고 한다. 다리 상태가 변변찮기는 하지만 클레망소의 정치 활동 연수는 아직 몇 년 남아있는 상태라서 몇몇 정부가 공시를 통해 소유권을 주장할 것으로 알려졌다. 매물 클레망소는 한때 '프랑스의 호랑이'로 전 세계적 명성을 얻은 바 있다.

매번 선거에 출마하는 정치인을 계속 뽑아주는 것 외에 별 대책이 없는 토론토 커뮤니티라면 이런 거래가 요긴할 수도 있다. 바로 이런 경우다.

처치 시장 판매 완료

토론토, 2월 16일

익명을 요청한 한 관계자는 토론토 시 의회와 독일 함부르크 시

6 Georges Clemenceau. 프랑스의 정치가. 제1차 세계대전 중 수상을 지내며 프랑스가 제1차 세계대전에서 승리하도록 이끈 공신. 파리강화회의에 프랑스 전권 대표로 참석했고 베르사유 조약을 강행했다. 하지만 권력 남용, 인명 경시 등으로 인해 독재자로 평가받기도 한다. 1920년 대통령 선거에서 패배하고 은퇴했다.

의회가 협상을 끝내고 토마스 처치 시장을 2만 톤 선박과 맞교환하기로 했음을 확인해주었다. 함부르크는 현재 도시와 산업의 재건이 시급한 상황이라 자연스럽게 재임 시 뛰어난 성과로 국제적 명성을 얻은 처치 시장 매입을 검토하게 되었다고 밝혔다. 토론토는 과거에 전력과 철로 시스템을 공영화한 바 있고, 따라서 다른 공익 산업 분야를 손에 넣고 싶어 안달하던 차였다. 다량의 선박은 토론토의 신항구를 아름답게 빛낼 것이다. 교환 거래를 확인해준 자리에서 처치 시장은 "토론토의 공영화 계획을 더욱 발전시킬 수 있게 되어 매우 영광"이라고 소감을 밝혔다.

문화적 지배의 주인공이라 자칭하는 신문사의 경우라면 어떨까?

텔레그램 대신 타임스

영국 런던, 2월 10일

영국 런던과 토론토의 지역 정부는 상호 필요에 입각해 〈토론토 텔레그램[7]〉과 〈런던 타임스〉의 교환 거래에 동의했음을 밝혔다. 토론토 인구의 큰 비중을 차지하는 대학교수들은 오랫동안 타임스 수준의 고급 지식을 제공할 수 있는 지역지 창설을 요구해왔다. 런던의 경우는 대대적인 개편 필요성을 느끼고 있던 차다. 런던 시장 선거에서 시민들이 매년 새 시장을 뽑는 바람에 곤욕스러웠는데, 텔레그램이 런던에 정착하면 이런 문제가 바로잡힐 것으로 기대된다.

소설가와 지식인 또한 거래하기에 좋은 매물로 분류된다.

작가들, 짐 쌀 듯

워싱턴 DC, 1월 30일

지난 10년 내 최대 규모의 문학 거래가 성사됐다. 어제 체결된 거래에 따르면 프랑스는 아나톨 프랑스, 장 자크 루소, 볼테르를 미국에 넘기는 대신 해럴드 벨 라이트, 오언 존슨, 로버트 W. 채임버스와 80만 달러 상당의 금화를 받을 예정이다. 이번 거래는

---

7 보수 성향의 〈토론토 텔레그램〉은 헤밍웨이가 일하던 〈토론토 스타〉의 경쟁지였는데, 당시 〈토론토 텔레그램〉은 토론토 시장이었던 토마스 랭턴 처치를 무비판적으로 칭송하며 그의 연임을 도왔다. 헤밍웨이는 이런 텔레그램의 행태를 기사에서 은연 중에 비판하고 있다.

최근 프랑스 환율의 하락 덕분에 가능했던 것으로 알려졌다. 이런 늦은 밤에 풀 네임을 찾아보기에는 꽤 번거로운 인물들, 루소와 볼테르는 참고로 이미 사망한 사람들이다.

종종 거래가 성사되지 않는 경우도 발생한다. 아래 〈뉴욕 트리뷴〉의 기사를 보자.

캐나다, 우리 잭에게 퇴짜를 놓다

오타와, 1월 7일

캐나다가 어제 잭 뎀시 선수와 20만 달러를 마니토바주와 교환하는 제안을 거절했다. 뎀시 선수의 매니저인 잭 키언즈는 교환 제안 당시 뎀시 선수가 캐나다의 챔피언 역할을 할 것이며, 캐나다 시민으로 바로 귀화할 것을 예고한 바 있다. 마니토바는 밀 생산으로 유명한 지역이다.

다음과 같은 교환 거래도 있다. 이때 쏟아질 국가적 환호를 상상해보라.

셰익스피어, 미국인이 되다

영국 스트랫퍼드-온-에이본, 2월 22일

어제 이곳에서는 셰익스피어의 미국 시민권 획득을 축하하는 행사가 열렸다. 조그만 영국 마을이 온통 미국 국기로 뒤덮였고 건물마다 현수막이 내걸렸다.

일부 현수막에는 "드디어 우리가 원하던 빌을 얻었다!" "빌, 당신이 바로 챔피언이야" 같은 선전 구호가 등장했다. 퍼레이드에는 대형 셰익스피어 모형도 등장했는데, 미국 유명 브랜드의 옷을 입은 셰익스피어가 "빅 빌 셰익스피어, 100% 순수 미국인"이라는 팻말을 들고 있는 모습이었다.

이번 거래를 성사시킨 큰손 중 미국 측 익명의 인사는 프란시스 베이컨의 대작 논란[8]과 관련해 "필요하다면 베이컨의 시민권도 구매할 의향이 있다"고 전했다.

또 이런 거래를 통해 우리 시대 가장 뛰어난 협상가에게 소일거리를 제공할 수도 있겠다.

---

8 셰익스피어와 같은 시대 인물인 프란시스 베이컨이 셰익스피어의 작품으로 알려진 일부 희곡의 원작자라는 주장.

대형 합병 거래로 에트나산, 스웨덴 행 확정 –
단눈치오[9]의 쿠데타 예상

이탈리아 로마, 2월 24일

어제 이곳에서 체결된 계약은 올해 들어 가장 큰 규모의 거래로 기록됐다. 스웨덴은 에트나산과 베수비우스산을 99년 임차하는 대신 향후 20년 간 모든 노벨 평화상의 소유권을 이탈리아에 넘기기로 했다. 스웨덴은 이 산을 손에 넣기 위해 오랜 기간 흥정에 임했는데, 현재 스웨덴 성냥 업계가 겪고 있는 유황 부족 사태를 해결하기 위해서였다.

이탈리아 나폴리, 2월 24일

특종: 가브리엘레 단눈치오가 에트나산과 베수비우스산에 동시 입성했다. 시인이자 전사인 단눈치오는 어젯밤 보낸 최후통첩에서 이렇게 선언했다. "나는 이 아름다운 산에서 죽을 각오가 되어 있다. 근본 없는 스웨덴 놈들은 이 산의 신성한 유황을 털끝 하나 건드리지 못할 것이다."

---

9 가브리엘레 단눈치오는 이탈리아의 시인이자 정치인이다. 제1차 세계대전 후 체결된 베르사유 조약에서 이탈리아가 기대했던 만큼의 영토를 확보하지 못한 데에 분개, 군대를 이끌고 당시 유고슬라비아 영토였던 피우메 지역 무단 점거에 나섰다. 이탈리아 정부의 퇴거 명령을 거부하다 결국 무력 진압으로 끌려 나왔다.

상처받은 적 없는 사람만이
남의 상처를 보고 웃는다

Toronto Women Who Went to the Prize Fights Applauded the Rough Stuff

×

Toronto Star Weekly 1920. 5. 15.

지난 토요일 저녁에 열린 프로 복싱 시합에는 처음으로 여자 관객들이 등장했다. 행사 홍보 담당 에이전트는 야회복을 갖춰 입은 사회 고위층 관객들이 귀빈석 400석 가량을 채울 것으로 예상했고, 실제 100여 명의 여자 관객이 눈에 띄었다.

여자 관객들은 표면상으로는 조르주 카펜티에 선수의 스파링 경기를 관람하기 위해 왔다고 말했다. 하지만 실제로는 한 번도 자리를 뜨지 않고 치열한 경기 여럿을 연달아 관람하면서 시종일관 미소를 짓고 갈채를 보냈다. 프로 복싱 시합을 보지 않는 토론토 여자 독자들을 위해 이들이 무엇을 보았고 어떻게 반응했는지 전하고자 한다.

경기장 한가운데에는 로프가 쳐 있는 정사각형의 링이 바닥보다 높은 곳에 자리 잡고 있다. 링의 사면을 따라 좌석이 죽 늘어서 있다. 링 바로 앞 좌석에 앉은 남자들 사이로 여자 관객들이 드문드문 섞여 있다. 더 많은 여자들은 링 옆에 마련된 귀빈석에 자리를 잡았다.

링 앞에 앉은 내 바로 뒤에도 두 명의 여자가 함께 온 남자들과 앉아 있었다. "선수들이 서로 다치지 않게 하려고 글러브를 끼는 거예요." 한 남자가 여자에게 설명했다.

첫 시합에서는 단단한 체구를 가진 젊은 유대인 선수와 그보다 훨씬 몸집이 작고 아마추어 같아 보이는 해밀턴 출신의 청년이 붙었다. 유대인 선수의 강한 펀치에 해밀턴 출신 청년은 1분 30초 만에 정신을 잃고 쓰러졌다. 이 왜소한 청년은 처음부터 거친 유대인 선수의 적수가 되지 못했다. 유대인 선수는 시작종이 치자마자 링을 이리저리 돌면서 상대를 두들겨 바닥에 눕혔다. 그건 복싱 실력도, 기술적인 테크닉도, 담력도 아니었다. 그저 몸집이 더 크고 힘이 센 아이가 체구가 작고 약한 아이를 때려눕힌 것뿐이었다. 그다지 유쾌한 광경이라 할 수 없었다.

"어머, 경기가 너무 빨리 끝나버렸네요!" 내 뒤에 앉은 여자가 큰 실망감을 내비치며 말했다.

"그렇네요." 함께 온 남자는 신이 나서 말했다. "젊은

리스너 선수가 애송이를 곤죽으로 만들었네요"

두 번째 시합은 ─ 그걸 시합이라고 부를 수 있다면 ─ 첫 시합보다 더 빨리 끝났다. 한쪽에는 종종 겁쟁이처럼 싸운다는 비난을 받지만 우락부락한 얼굴과 근육, 강편치를 가진 선수가 서 있었다. 다른 쪽엔 링에 처음 서본 듯한 행색의 뚱뚱한 선수가 데퉁스럽게 서 있었다.

우락부락한 얼굴의 강편치 선수가 시작종과 함께 코너에서 몸을 날렸다. 상대는 어쭙잖은 자세로 양팔을 올려 방어하려 했다. 강편치 선수가 라이트훅으로 반원을 그리며 상대 턱에 주먹을 꽂았고, 경기는 그대로 끝났다. 몸집만 컸던 이 상대 선수는 레진 처리가 된 바닥에 얼굴부터 엎어졌다. 세컨드들이 쓰러진 선수를 질질 끌고 나가는 바람에 얼굴 한쪽이 바닥에 쓸리고 말았다. 강편치 선수는 미리 골라 놓은 쉬운 상대를 때려눕히고 고향 땅에서 파이터로서 명예와 인기를 회복하는 데 성공했다.

승자는 바닥에 침을 뱉고 '저 친구 꼴 좀 보시오'라는 표정을 지었다. 그러곤 링에서 내려왔다. 여자들을 포함한 모든 관객들이 환호를 보냈다.

"진짜 세게 때렸나 봐요, 그렇죠?" 뒤에 앉은 여자가 물었다.

"확실히 그런 것 같네요." 여자의 데이트 상대가 유쾌한 듯 답했다.

패자 쪽 코너에서는 쓸리면서 벗겨진 선수 얼굴의 핏물을 스펀지로 닦아내고, 정신이 들도록 연신 찬물을 끼얹고 있었다. 보기 좋은 광경은 아니었다.

네 번째 시합이 한창이었을 때 드디어 여자 관객들의 시선이 잠시 링을 벗어나 딴 곳을 향했다. 최상의 컨디션으로 등장한 토론토 출신의 무쇠 주먹 베니 굴드가 잔뜩 긴장한 버펄로 출신 청년의 얼굴에서 피가 얼마나 많이 솟을 수 있는지 시험하던 순간이었다. 토론토의 유명 인사 한 무리가 귀빈석으로 입장했다. 여자들의 시선은 그쪽으로 쏠렸다. 저쪽 무리에 어떤 여자가 있는지 재빨리 훑어보고, 고위층의 여자들이 찾는 이곳에 자신들도 동석했다는 자부심을 느끼기 위해서다.

순간 피범벅이 된 버펄로 청년이 처음으로 굴드 얼굴에 주먹을 꽂아 넣었다. 관객들은 환호했다. 엉망이 된 얼굴에 마른 체형을 가진 이 버펄로 청년은 호랑이처럼 반격했다. 굴드의 얼굴이 곧 피로 물들었다. 하지만 경험 많은 복서의 적수가 되기에는 역부족이었다. 굴드는 종료 종이 울릴 때까지 청년을 두드려 팼다.

유명 인사들이 자리한 귀빈석에서는 웃음과 박수가 끊이지 않았다. 하지만 링 앞에 앉은 골수 복싱 팬들은 버펄로 청년의 투지 넘치는 경기에 박수를 보낼지언정 웃지는 않았다. 버펄로 청년이 견뎌낸 고통의 형벌을 목격했기 때문이다. 팬들은 굴드의 왼쪽 주먹이 버펄로 청년의 부러진 코에 연신 날아드는 걸 똑똑히 보았다. 팬들은 굴드의 펀치가 꽂힐 때마다 청년이 조금씩 무너지고 있다는 걸 알고 있었다. 팬들은 청년의 투지에 감탄했다. 하지만 웃지는 않았다.

귀빈석의 여자 관객들은 내내 즐거운 미소를 지었다. 과거 로마 콜로세움에서는 전직 검투사들과 그들의 동료들이 관객석에 앉아 치명적인 공격이 나올 때마다 열광적인 갈채를 보냈다. 그들은 검투사의 징 박힌 장갑이 상대 검투사의 얼굴에 박히는 것을 보며 환호했다. 그물과 삼지창으로 무장한 검투사가 단검으로 맞서는 상대와 엉겨 붙을 때는 함성을 질렀다. 몇 번의 날렵한 찌르기 공격으로 상대의 목숨을 끊었을 때도 갈채를 보냈을 것이다. 하지만 그들은 웃지 않았다. 자신들이 보고 있는 게 뭘 의미하는지 잘 알고 있었기 때문이다.

"상처받은 적 없는 사람만이 남의 상처를 보고 웃는다."[10] 지난 토요일 저녁 경기장에 울려 퍼진 웃음은 모두 고위층 인사들의 것이었다.

다음 시합에는 유럽을 제패한 챔피언이자 프랑스의

---

10 《로미오와 줄리엣》2막 2장 로미오의 독백 중에서.

아이돌, 조르주 카펜티에가 등장했다(사람들은 그의 이름을 '이프르'[11]만큼 제멋대로 발음한다). 그는 춤을 추듯 스파링 경기 상대를 다루며 손쉽게 네 라운드 경기를 치렀다. 스파링 상대는 잭 뎀시[12]와 닮은 외모 때문에 선정된 게 분명해 보였다. 심판이 '레이니어스'라고 발음한 그의 이름은 라니어스였는데, 그는 관객들의 오락을 위해 마련된 이 시합에서 카펜티에의 주먹을 250번쯤 받아냈다.

여자 관객들은 이제 카펜티에가 복싱 가운을 고르는 눈이 있다는 것, 코브라처럼 빠른 주먹과 잘생긴 얼굴을 가졌다는 사실을 알게 되었다. 카펜티에는 경기장에 입장해 〈라 마르세이예즈[13]〉가 울려 퍼지는 동안 차렷 자세로 관객들에게 경례하고는 4라운드 동안 눈 깜짝할 사이에 라니어스를 치고 찌르고 후비고 때리고 갈겼다. 작업을 마친 후엔 링에서 내려와 집으로 향했다.

카펜티에를 보러 왔다던 여자 관객들은 그가 퇴장한 후 자리를 떴냐고? 그렇지 않다. 여자들은 자리에 남아 해

---

11 이프르Ypres는 제1차 세계대전 당시 격전지로 '이프르, 이퍼, 와이퍼스' 등 여러 방식으로 불렸다.

12 미국 출신의 헤비급 챔피언. 당시 라이트 헤비급 챔피언이던 조르주 카펜티에는 잭 뎀시를 상대로 헤비급 타이틀에 도전했다.

13 프랑스 국가國歌.

밀턴 출신의 바비 에버가 토론토에서 제일 잘나가는 페더급 터프가이를 6라운드 내내 두들겨 패는 걸 관람했다. 내 뒤에 앉은 두 여자들 쪽에서 상대를 녹아웃시켜 버리라는 고함이 여러 번 들렸다.

남자들에 비해 상대적으로 온화하다고 알려진 여자들이 로마 시대의 본능에 눈을 뜨는 건 경기장이라는 장소가 가진 마법 때문일까? 이에 대해 역사학자 윌리엄 렉키는 고대 검투사 시합 관객의 대다수가 여자였다고 지적한다.

하지만 카펜티에 선수의 부인은 오늘 시합을 보러 오지 않았다. 남편이 복싱 선수였고, 그게 뭘 의미하는지 잘 알기 때문이었다. 부인은 집에 남아 남편이 돌아오길 기다렸다.

용기의 값은
얼마인가

War Medals for Sale

×

Toronto Star Weekly 1923. 12. 8.

용기의 값은 얼마일까? 아델레이드 스트리트에서 훈장과 동전을 매입하는 상점 점원이 답한다. "저희는 매입 안 해요. 그런 건 수요가 없어요."[14]

"훈장을 팔러 오는 사람들이 많나 보네요?" 본 기자가 물었다.

---

14 제1차 세계대전이 끝난 후, 참전국들은 경기 침체와 실업률 증가로 어려움을 겪었다. 당장 돈이 급한 귀향 군인들에게 훈장은 용맹함의 증표가 아니라 급전을 빌리기 위한 담보 역할을 했다.

"물론이죠. 매일 와요. 그런데 저희는 이번 전쟁에서 받은 훈장은 사지 않아요."

"보통 어떤 훈장을 갖고 오나요?"

"승전 훈장이 대부분이고, 무공 훈장도 흔해요. 가끔 공로 훈장이나 무공 십자훈장이 들어오기도 하고요. 저희는 그분들에게 차라리 전당포에 맡기라고 권하죠. 나중에 돈이 생기면 훈장을 찾아갈 수 있으니까요."

퀸스 스트리트를 지나 서쪽으로 뻗은 골목으로 향했다. 싸구려 반지를 파는 조잡한 진열장, 고물상, 허름한 이발소, 중고의류 상점, 길거리 호객꾼을 지나 용기를 매매하는 시장을 찾아 나섰다.

전당포 사정도 이전 상점들과 다르지 않았다.

"아니요, 저희는 훈장은 안 삽니다." 누군가 저당 잡히고 찾아가지 못한 물건들이 진열된 카운터 뒤쪽에서 매끈하게 머리를 발라 넘긴 남자 직원이 말했다. "그런 건 시장 자체가 없어요. 정말이에요. 사람들이 온갖 종류의 훈장을 들고 전당포에 오긴 하죠. 물론 전공 십자훈장도 있고요. 얼마 전엔 수훈장을 갖고 온 사람도 있었어요. 그분에게 요크 스트리트 중고 상점을 가보라고 권했죠. 그쪽에선 뭐든지 사들이니까요."

"여기서는 무공 십자훈장 하나에 얼마쯤 쳐주시나요?" 본 기자가 물었다.

"죄송하지만 저희는 취급 안 해요."

본 기자는 퀸스 스트리트로 발걸음을 돌려 처음 눈에 띈 중고품 상점으로 들어갔다. 상점 유리창에 '뭐든지 매입·판매합니다'라는 팻말이 걸려 있었다.

문에 매달린 종에서 딸랑 소리가 났다. 가게 뒤편에서 한 여자가 걸어 나왔다. 진열대에는 깨진 초인종, 알람 시계, 녹슨 연장, 오래된 열쇠, 인형, 도박용 주사위, 망가진 기타와 다른 물건들이 너저분하게 쌓여 있었다.

"뭐예요?" 여자가 물었다.

"판매하는 훈장이 있나요?" 본 기자가 물었다.

"없어요, 없어. 우린 그런 거 취급 안 해. 또 뭐 궁금한 거 있수? 팔 거라도 있나?"

"네, 무공 십자훈장은 하나에 얼마쯤 쳐주시나요?" 본 기자가 말했다.

"그게 뭐죠?" 여자는 양손을 앞치마에 찔러 넣으며 의심스러운 눈초리로 물었다.

"일종의 메달이에요." 본 기자가 말했다. "은으로 만든 십자가죠."

"진짜 은?" 여자가 물었다.

"그럴 걸요."

"정확히 모르시는 것 같네? 자기가 갖고 있는 게 아닌가 봐?"

"네, 아니에요." 본 기자가 답했다.

"뭐, 하여튼 가지고 와봐요. 진짜 은이면 값은 나쁘지 않게 쳐줄 테니." 여자가 입꼬리를 올렸다. "근데," 여자가 말을 이었다. "설마 전쟁 훈장 나부랭이는 아니겠지?"

"그게 맞긴 한데요." 본 기자가 답했다.

"그럼 관둬요. 그놈의 전쟁 훈장은 아주 쓸모가 없다니까!"

본 기자는 중고품 상점 다섯 군데를 더 들렀다. 하지만 어디에서도 훈장은 취급하지 않았다. 수요가 전무하다.

한 상점 외벽에 '값 나가는 물건은 뭐든 사고팝니다 / 최고가 매입 보장' 팻말이 걸려 있었다.

"뭘 파시려고?" 카운터 뒤편의 수염 난 남자가 퉁명스럽게 물었다.

"전쟁 훈장 매입하나요?" 본 기자가 물었다.

"내가 한마디 하겠는데, 전쟁터에서는 그런 훈장이 가치 있다고 했을 거요. 그때야 당연히 그랬을 테지. 그걸 부정하는 건 아냐. 근데 여긴 장사하는 곳이란 말이지. 내가 팔지도 못하는 걸 매입할 이유가 없지 않겠소?"

남자가 애써 친절하게 설명해주었다.

"그럼 이 시계는 얼마쯤 쳐주실 수 있나요?" 본 기자가 물었다.

남자는 시계를 꼼꼼하게 살피더니 뒤쪽을 열어 내부

를 살폈다. 뒤집어서 시계 소리도 확인했다.

"시계 소리도 나쁘지 않은 편이죠." 본 기자가 말했다.

"괜찮은 시계네." 남자가 시계를 내려놓으며 판결을 내리듯 말했다. "이 시계는 60센트쯤 쳐줄 수 있겠소."

본 기자는 요크 스트리트로 향했다. 중고품 상점이 한 집 걸러 들어선 거리다. 그곳에서 본 기자는 입고 있는 코트의 매입 가격을 확인했고, 시계를 70센트에 쳐주겠다는 제안을 받았으며, 갖고 있던 담배 케이스는 자그마치 40센트를 주겠다는 후한 제안도 받았다. 하지만 전쟁 훈장을 취급하는 곳은 단 한 곳도 없었다.

"그런 훈장을 팔러 오는 사람은 매일 있어요. 파는 게 아니라 사러 온 사람은 몇 년 만에 선생님이 처음이네요." 한 고물상 상인이 말했다.

본 탐험가는 드디어 훈장을 판매하는 허름한 가게를 찾아냈다. 상점을 운영하는 여자가 현금 서랍에서 훈장을 꺼내왔다.

등장한 훈장은 '1914-1915 스타'와 '종군기장' 그리고 '승전기장'이었다. 셋 다 깨끗한 상태로 상자에 보관되어 있었다. 훈장마다 동일한 이름과 군번이 적혀 있었다. 캐나다 어느 포대의 포병 소유였던 훈장들이다.

본 기자는 훈장들을 꼼꼼히 살폈다.

"얼마나 하죠?" 기자가 물었다.

"그건 셋 다 합쳐서 팔 거예요." 여자가 방어적으로 말했다.

"셋 다 합친 가격이 얼마죠?"

"3달러 받죠."

본 기자는 훈장을 좀 더 살펴봤다. 명예와 공로를 인정해 윌리엄 킹 총리가 수여한 훈장이다. 수훈자인 캐나다 포병의 이름이 각 훈장 옆면에 새겨져 있었다.

"거기 쓰인 이름은 걱정 안 하셔도 돼요." 여자가 설득을 시작했다. "이름은 금방 없앨 수 있어요. 아주 소장하기 좋은 훈장들이죠."

"제가 찾는 거랑 거리가 좀 있네요." 본 기자가 말했다.

"사시면 절대 후회하지 않으실 텐데요." 여자가 손으로 훈장을 가리키며 말했다. "어디 가져도 이만큼 좋은 훈장은 못 찾아요."

"괜찮아요, 아무래도 제가 원하던 건 아닌 것 같아요." 본 기자는 거절 의사를 밝혔다.

"그럼 얼마 정도 생각하시는지 말해보세요."

"아뇨, 됐어요."

"그러지 말고 말해보세요. 얼마 정도면 괜찮으실지."

"아무래도 오늘은 아닌 것 같네요."

"일단 한번 말씀해보시라니까요. 이게 얼마나 좋은 훈장인데요, 사장님. 한번 보세요. 그럼 셋 다 합해서 1달러는 어떠세요?"

본 기자는 상점 밖에 서서 창문 안쪽을 들여다봤다. 망가진 알람 시계조차 매입 대상인데, 무공 십자훈장은 취급하지 않는단다.

원하면 당신이 사용하던 하모니카도 중고로 팔 수 있다. 하지만 시장에서 무공 훈장은 취급하지 않는다. 원하면 당신이 사용하던 정강이 보호대도 중고로 팔 수 있다. 하지만 '1914 스타'를 사겠다는 상인은 찾아볼 수 없다. 용기의 시가는 그래서 아직 '미정'이다.

2부

헤밍웨이,
인간을 말하다

헤밍웨이가 작성한 기사의 양과 범위는 방대하다. 전쟁과 국제 정세, 당대 사회상과 인간 속성에 관한 주제를 폭넓게 다뤘다. 예를 들어 헤밍웨이가 토론토로 이주하고 얼마 지나지 않아 미국에 금주령이 내려졌는데, 이때 헤밍웨이는 밀수업자들이 캐나다 위스키를 디트로이트로 실어 나르는 과정을 취재하기도 했다. 또 캠핑할 때 주의점이나 송어 낚시법에 관한 장문의 칼럼을 싣기도 했다. 파리 특파원 시절에는 당시 유행했던 여성 패션 스타일인 참새 박제를 얹은 모자를 소개하거나 '페미니즘에 반발하는' 파리 남성들이 아내가 사준 옷을 입고 불평하는 모습을 우스꽝스럽게 묘사하기도 했다.

신변잡기나 당시 사회를 경박하게 다룬 듯한 기사 속에서도 눈에 띄는 건 헤밍웨이의 통찰이다. 그는 '인간이라는 존재에 관해 솔직하고도 사실적인 글을 쓰는 것이 세상에서 가장 어려운 일'이라고 말한 바 있다.[15] 글을 쓰려면 먼저 인간을 이해해야 하고, 이해한 것을 글로 풀어낼 줄 알아야 하는데 한평생을 바쳐도 둘 중 하나를 제대로 배울까 말까 하다는 게 그의 생각이었다.

헤밍웨이의 기사에서 특히 자주 등장하는 주제는 '무엇이 공정한가'이다. 한 인터뷰에서 그는 "거푸집에서 검이 만들어지듯, 작가는 부당함의 틀에

---

15 "Old Newsman Writes", ⟨Esquire⟩, 1934. 12.

서 만들어진다"[16]고 밝힌 바 있다. 무엇이 옳고 그른지 의식이 없는 이들은 글을 쓸 생각을 하지 말라고 충고하기도 했다.

헤밍웨이의 글에는 인간의 양면성이나 부조리에 대한 고발과 풍자가 자주 등장한다. 때로는 감정적이고 거친 표현을 동원하고 빈정거리는 듯한 말투를 쓰기도 한다. 그가 플로리다 키웨스트에 거주하던 시절, 허리케인이 닥쳐 수백 명의 사망자가 발생한 적이 있다. 정부 사업에 동원됐다가 대피 명령이 내려오지 않은 바람에 고스란히 사망한 참전 군인들이었다. 헤밍웨이는 작업 기일에 신경 쓰느라 제대로 대피 명령을 내리지 않은 정부 관료를 비난하며 그들에게 "나무 사이에 걸린 시체 한 구라도 꺼내와 보라"고 규탄했다.

헤밍웨이는 글을 쓰려면 내용이 명확해야 한다고 강조했다. 독자가 글의 내용을 파악하지 못했다면 그건 글쓴이가 자신의 얕은 지식을 감추려고 일부러 복잡하게 썼거나, 뜻이 잘 전달되게 쓸 능력이 없는 것이라고 주장했다. 일상 소식에서부터 전쟁 비판까지, 인간이라는 주제를 다룬 그의 다양한 기사에서는 그래서 간결함과 명확함이 묻어난다.

16 《Green Hills of Africa》, 1935.

군대에
다녀온 척해야 할 때

How to be Popular in Peace Though a Slacker in War[17]

×

Toronto Star Weekly 1920. 3. 13.

독일을 상대로 전쟁 중이던 당시 입대 가능 나이가 된 몇
몇 토론토 청년들이 전쟁에 도움이 되고 싶다는 뜻을 비쳤
다. 미국으로 이주해 온몸을 바쳐 군수품 공장에서 일하겠
다는 것이었다. 애국심에서 우러난 노동을 통해 긁어모은
수많은 금화를 가지고 그들은 이제 캐나다로 돌아오겠다고
한다. 미국에서 벌어온 그 돈에는 이자 15퍼센트를 받을 수

17　이 기사의 부제는 '미국 군수품 공장에 돈 벌러 갔다가 벌어온 돈의 15퍼센
　　트 이자를 받으러 귀국한 캐나다 청년들에게 바치는 몇 가지 조언'이다.

있을 것이다.

전쟁의 자양분을 공급하는 데 기여한, 도덕적으로 과감했던 이런 이들을 돕고자 몇 가지 조언을 준비했다. 바로 '이기적으로 살고도 남에게 존경받는 법'이다.

군수품 공장에서 일하다 귀국하는 청년들은 우선 자신이 떠난 고향이 아닌 다른 도시에 정착하는 게 현명하다. 그토록 위험한 군수품 제작업에 몸을 던지게 된 애국적 동기를 함께 살던 동네 이웃들은 자칫 오해했을 수 있기 때문이다.

먼저 극복해야 할 난관은 '캐나다 파병 군인' 배지다. 여기엔 아주 쉬운 해결 방법이 있다. 누군가 당신에게 배지가 어디 있냐고 묻거든 도도한 표정으로 답하라. "저는 군복무를 떠벌리고 다니지 않습니다."

당신의 대답은 여태껏 뻔뻔하게 몬스 전투[18] 참전 배지를 자랑하고 다니던 이들을 부끄럽게 만들 것이다.

함께 춤을 추던 젊은 아가씨가 당신에게 프랑스 공군 소속 스미더스 중위를 만난 적이 있는지, 캐나다 소총 탑재 부대 맥스웨어 소령을 본 적이 있는지 묻는다면 "아니요"

---

18 1914년 현 벨기에 몬스 지역에서 벌어진 전투. 제1차 세계대전에서 연합국과 독일이 벌인 최초 접전 중 하나.

라고 차갑게 답하라. 아가씨들이 제 분수를 깨닫고 기가 죽도록 말이다. 어차피 마땅한 답변도 없지 않은가.

중고 군용품 가게에 들러 트렌치코트 한 벌을 구입하는 것도 좋은 전략이다. 방한 트렌치코트는 무공 십자훈장보다 더 확실한 홍보 수단이다. 트렌치코트를 살 수 없다면 군화라도 한 켤레 장만하라. 전차에서 마주치는 모든 사람들이 당신이 참전 용사임을 알아볼 것이다.

트렌치코트와 군화가 있다면 당신은 참전 군인들의 끈끈한 동지애에 단박에 입성할 수 있다. 우리가 전쟁에서 얻은 주된 결실인 그 동지애 말이다. 이로써 미국행을 택한 당신의 장기적 안목이 정당화될 수 있다. 전투에 참여하지 않고도 모든 혜택을 누릴 준비가 된 것이다.

〈아멘티에 아가씨〉나 〈마델론〉 같은 노래를 배워두는 것도 좋은 전략이다. 전쟁터 어디서나 울려 퍼지던 그 멜로디를 따라 휘파람으로 불어보자. 당신이 전차를 기다리는 플랫폼에 서 있는 동안 모든 사람들이 당신이 참전 용사임을 알아볼 것이다. 하지만 대단히 끈기 있는 성격이 아니라면 무모하게 가사를 외우려 들지 말자.

잘 쓰여진 역사책 한 권을 구입하자. 꼼꼼하게 읽고 공부하면 전방 지역 어디든 익숙한 말투로 얘기를 꺼낼 수 있다. 잘하면 다른 참전 군인들이 잘못 알고 있는 부분을 지적하는 수준까지 이를 수 있다. 심지어 그들에게 거짓말하는 게 아니냐고 몰아붙이는 것도 가능하다. 보통의 참전 군인들은 사람 이름과 날짜를 기억하는 능력이 놀라울 정도로 떨어진다. 이건 당신에게 기회다. 조금만 신경 써서 공부하면 1, 2차 이프르 전투 현장에 있던 당사자가 바로 당신이고 상대방은 거짓말쟁이라는 걸 증명할 수 있다. 전장에서 보내는 일상이 매일 똑같다는 점은 당신이 전투 이야기를 꾸며내는 데 도움이 된다. 모병에 참여했던 한 상사는 정확하고도 우아한 표현으로 이렇게 설명했다. "군대에서의 하루하루는 농장의 일요일 같다."

당신이 참전 용사 출신인 데다 전쟁 영웅이었을 거라는 암시는 충분히 줬으니 다음은 식은 죽 먹기다. 잘난 체하지만 않으면 아무 문제가 없다. 누군가가 일터에서 당신을 "소령님"이라고 부르면 손사래 치며 부담스럽다는 듯 미소 지어라. "아유, 아닙니다. 소령이라니요." 이후 당신은 대위로 불릴 것이다.

참전을 증명했고 애국심을 보여줬고 계급까지 확실히 했다. 마지막으로 하나 처리할 일이 남았다. 밤이 되면 혼자 침실에 간다. 책상 서랍에서 통장을 꺼내 잔고를 확인한다. 통장을 다시 서랍에 집어넣는다.

그런 다음 거울 앞에 선다. 거울 속 자신과 눈을 맞춘

다. 플랜더스 전투[19]에서 캐나다 청년 5만 6천 명이 목숨을
잃었다는 사실을 기억한다. 불을 끄고 잠자리에 든다.

19   제1차 세계대전 당시 캐나다가 연합군으로 참전해 벌인 전투 중 하나.

사진 보정의 시대,
인성도 꾸밀 것인가

Prices for 'Likeness' Run from Twenty-Five Cents to $500 in Toronto

×

Toronto Star Weekly 1920. 5. 29.

토론토에서 증명사진을 한 장 찍으면 실제 얼굴과 얼마나 닮았느냐에 따라 돈을 아주 적게 낼 수도, 아주 많이 낼 수도 있다.

　참 이상한 일이다. 실제 얼굴과 닮지 않은 사진일수록 더욱 비싼 값을 치러야 한다. 영 스트리트 사진관에서는 25센트만 내면 범죄자 수배 사진처럼 실제 얼굴과 똑 닮은 증명사진을 즉석에서 인화해준다. 얼굴의 굴곡과 세세한 특성이 모두 담겨 있어 마치 석고로 만든 두상 같다. 실제 얼굴 본을 뜬 듯 정확히 일치하는 복사본이다. 하지만 어쩔 수 없이 우리는 모두 아름다움과 거리가 멀고 – 억울하지만 남자들이 좀 더 그렇다 – 따라서 '사진예술가'라는 자들이 등장한다.

사진예술가는 피사체의 인성ᵄᵉ까지 사진에 담아내겠다는 목표를 제시한다. 듣기엔 참 좋은 이야기다. 스튜디오 창문에 걸린 사진을 보면 매우 아름다운 얼굴을 가진 피사체의 '인성'이 빛나고 있다. 바라보고 있는 우리도 저절로 미소 짓게 된다. '우리의 인성도 사진에 담으면 저만큼 아름답겠지' 하면서.

하지만 인성을 사진에 담으려면 25센트로는 부족하다. 인성을 제대로 담은 증명사진 세 장의 값은 25달러쯤 한다. 물론 진짜로 내 인성을 보여준다면 그 값을 치르지 못할 이유가 없다.

인성을 포착하는 과정을 보면 이렇다. 피사체 얼굴에서 매력적이고 봐줄 만한 부분이 최대한 명확히 드러나도록 사진을 찍되, 상대적으로 탐탁지 않은 부위는 흐릿하게 처리한다. 우리의 인성은 참 번거롭게도 얼굴 뒤에 숨겨져 있다. 우리는 겉모습보다 더 아름다운 내면을 가졌다고, 이를 마치 고귀한 특권처럼 말한다. 스튜디오 창문에 걸린 아름다운 생명체들을 바라보며 예술사진가께서 우리를 좀 도와줄 수 있지 않을까 기대를 품곤 하지만 말이다.

이제 큰 기대를 안고 필름 현상을 기다린다. 사진사가 사진을 찍는 과정에서 특별히 신비스러워 보이는 점은 없었다. 의자에 앉아 사진사가 시키는 대로 몸을 돌렸다. 사진사는 조명을 이리저리 배치하고 거대한 카메라의 렌즈를 끼웠다 뺐다 반복했다. 우리는 그의 능숙한 예술 활동을 놀라워하며 관찰했다. 이렇게 간단한 테크닉으로 인성을 포착할 수 있다니! 놀라울 따름이다.

필름이 나오기만을 기다린다. 기다리면서 사진관 벽에 걸린 사진 속의 남성을 다시 힐끔 쳐다본다. 유진 오브라이언[20]의 '어디 덤빌 테면 덤벼보시지' 스타일의 눈빛을 닮았다. 사진 속 우리도 저런 모습이기를 기대해본다.

필름 현상이 끝났다. 끔찍하게 못생긴 얼굴이다. 인성 따위는 찾아볼 수 없다. 그냥 얼굴 그대로다. 예술가의 감각으로 흐릿하게 처리됐지만 볼품없는 면상은 그대로다. 화장실의 면도 거울이 수천 번 보여준, 원망스러운 눈빛을 한, 익숙하고도 별 볼일 없는 그 얼굴이 사진에 찍혀 있다.

"어딜 도망가려고!" 사진이 말하는 듯하다. "백날 흐릿하게 고쳐봐야 이 면상이 네 얼굴이란 사실은 안 변해."

우리의 인성이 담긴 사진을 옆구리에 끼우며 우리는 분개한 눈으로 벽에 걸린 아름다운 남자들의 사진을 바라본다. 애초에 피사체 수준이 달랐던 거다.

20　1920년대 미국의 영화 배우.

　　최근 토론토에 전해진 혁신적 사진 기술은 흐릿함의 예술만으로는 부족한 얼굴을 가진 이들에게 희소식이다. 사진사가 직접 붓 터치를 하는 미니어처 증명사진이 그 주인공으로, 현재 크게 인기몰이 중이다. 비용은 적게는 2백 달러에서 많게는 5백 달러까지 든다.

　　미니어처 증명사진은 수정이 자유롭다. 사진예술가가 먼저 피사체 얼굴을 담아낸 다음 피사체가 수정 사항을 직접 지시할 수 있다. 코가 마음에 안 든다면 예술가에게 말해라. 평소 닮고 싶었던 로마인 두상의 조각 같은 콧대로 바꿀 수 있다.

　　원숭이 귀가 마음에 들지 않는다면 예술가에게 말하면 된다. 절반 크기로 줄여줄 것이다. 원하는 입매도 고르자. 이렇게 우리는 가장 흡족한 사진을 얻을 수 있다.

　　언제나 그렇듯이 증명사진의 가장 큰 문제점은 아무리 흐릿하게 보정하더라도 필요 이상으로 실물과 닮아 있다는 점이다.

스포츠맨
정신이란

Million Dollar Fright: A New York Letter

×

Esquire 1935. 12.

딱새는 자신에게 이득이 될 거라곤 하나도 없는데도 독수리를 추격해 쫓아내곤 한다. 딱새는 석회색 몸에 가슴 깃이 희고 오밀조밀하게 생긴 작은 새인데, 걸핏하면 싸우려 드는 골목대장 같은 성격을 가졌다. 게다가 딱새는 자기 몸의 여덟 배에서 열 배는 더 큰 새들을 괴롭히는 걸 좋아한다. 가진 무기라고는 작고 뾰족하지도 않은 부리, 용맹함이 전부다. 딱새는 이런 자산들과 잽싸게 찌르고 드는 비행 실력으로 상대방을 공격하고 쫓아내고 상처를 입힌다. 상대는 주로 까마귀와 매, 독수리다. 딱새가 먼저 겁을 낸다면 순식간에 딱새를 죽일 수 있는 새들이다. 딱새는 근접전을 즐긴다. 여기서 제안을 하나 하자면, 베어[21] 선수가 언젠가 대전료를 받고 다시 경기를 치르려거든 강제로라도 딱새 알을 좀 먹고 가길 바란다.

오소리의 경우, 몸집은 집에서 키우는 고양이의 두 배 남짓으로 그리 크지 않다. 하지만 인간이 대략 자신의 반경 8미터 이내에 들어오는 순간, 오소리는 22구경 소총을 든 인간이든 코끼리 사냥용 총을 든 인간이든 상관하지 않고 공격에 나선다. 오소리에게 공격당할 때 인간은 두 가지 대응이 가능하다. 하나는 오소리를 쏴서 갈기갈기 찢어놓는 것이고, 하나는 줄행랑치는 것이다. 도망치는 쪽을 선택했다고 치자. 오소리는 얼마 쫓아오다 만다. 오소리는 도망치는 상대방의 뒤에서 습격할 생각이 없기 때문이다. 하지만 공격하는 쪽을 선택했는데 오소리에게 치명상을 입히는 데 실패하면 그 오소리는 자기 숨이 끊어질 때까지 있는 힘을 다해 인간의 급소를 할퀴고 찢고 물어뜯고 난도질하려 들 것이다.

오소리가 인간의 급소를 어떻게 알게 됐는지 알려진 바는 없다. 하여튼 그게 중요한 건 아니다. 중요한 건 오소리가 몸집 대비 세상에서 가장 용감하고 포악하며 위험한

---

21 맥스 베어. 1930년대 복싱 헤비급 세계챔피언.

동물일 거라는 점이다. 오소리는 도핑 의혹을 받은 적도 없고, 유흥가에서 나도는 모습을 보인 적도 없다. 우리가 아는 한 라디오 방송에 출연한 적도 없다. 더 중요한 건 세상 그 누구도 오소리를 겁먹게 하는 데 성공한 적이 없다는 사실이다.

이 모든 사실을 고려할 때, 복싱 열성 팬인 필자는 베어가 다시 대전료를 받고 링에 오르기 전에 오소리 심장을 구워 먹는 것에 버금가는 정신적 훈련을 하기 바랄 뿐이다. 다시 조 루이스와 싸울 거라면 최소한 오소리 한 무리를 데리고 와야 동등하게 맞설 것이다. 퀸스 기세에서 동등하게 맞서려면 오소리 한 무리는 필수이며, 물론 퀸스버리 복싱 룰을 준수하도록 훈련받은 오소리로 말이다. 오소리 무리를 대동하고도 베어는 위험할지 모른다.

루이스와 베어의 경기는 필자가 지금껏 본 공개 행사 중에 교수형을 제외하고 가장 혐오스러운 광경이었다.[22] 경기를 그토록 역겹게 만든 건 공포심이었다.

---

22 1935년 9월 24일, 뉴욕 양키 스타디움에서 전 헤비급 챔피언 맥스 베어를 상대로 젊은 흑인 도전자 조 루이스가 링에 올랐다. 관중의 기대와 달리 경기는 4라운드 만에 루이스 선수의 승리로 싱겁게 끝나버렸다. 경기 중 베어 선수가 마치 기권하듯 주저앉은 것이다. 베어 선수가 이전 경기에서 심각한 양손 부상을 입었는데, 당시 아직 회복하지 못했다는 사실이 나중에야 알려졌다.

지금부터 하는 비판에는 우월감이 전혀 개입되지 않았음을 먼저 밝힌다. 이 글을 쓰는 필자조차 겁먹은 경험이 수없이 많다. 발이 묶인 듯 다리를 움직일 수 없고, 내 목소리가 아닌 듯한 소리를 쥐어짜게 만드는 공포심이 어떤 건지 잘 알고 있다. 절벽 끝에서 느낄 법한 끔찍한 공포나 폭격이 퍼붓기 직전 아랫배 깊숙이 찔러 오는 공포를 잘 알고 있다. 벌컥 열린 용광로 문을 통해 뿜어 나오듯 삽시간에 몰아닥쳐 영겁처럼 느껴지는 두려움을 겪고 나면 용기의 샘이 다시 솟을 때까지 한 달쯤 가슴이 텅 빈 듯하다.

그렇다. 이 글을 쓰는 필자 역시 수없이 여러 번 겁에 질린 적이 있다. 운이 좋다면 앞으로도 수없이 겁에 질릴 일이 있겠지. 공포심은 인간에게 허용된 최상의 카타르시스다. 이 카타르시스의 양을 어떻게 조절할지, 식도가 막혔을 때 어떻게 뚫을지 미리 준비해두는 게 관건이다. 공포심은 인간에게 매우 유용하지만, 대중 앞에서의 공개적 구경거리로는 끔찍한 광경을 연출하기도 한다.

산전수전 겪으면서 수없이 두려움을 느껴본 인간으로서 조 루이스를 상대하는 맥스 베어의 공포심에 연민을 느낄 수 있다. 막 교수형을 당하러 끌려 나온 사람처럼 보이게 만든 그 공포심, 몸을 거의 마비시키고 조금이라도 더 오래 몸을 보전하기 위해 상대 선수로부터 최대한 멀리서 경기를 하게 만든 그 공포심 말이다.

우리는 맥스 베어를 집어삼킨 공포심에 공감할 수 있다. 잽처럼 순조롭게 얼굴을 향해 다가오는 주먹을 막으려고 가드를 올렸는데 그 주먹이 중간쯤에서 훅으로 바뀌었을 때, 부드럽고 우아하고 완벽하며 철벽 같은 상대의 가드 뒤에서 펀치가 쏟아져 나올 때, 훅이 건드리고 지나간 가드 사이로 잽이 뚫고 들어올 때, 레프트를 예상하는 순간 뎀시 선수보다도 훨씬 빠른 라이트훅, 그리고 레프트, 라이트, 레프트가 들어와 얼굴에 박힐 때 느꼈을 바로 그 공포심 말이다. 맥스의 머리가 뒤로 젖혀진다. 눈은 감겨 있다. 그는 공포에 질려 아무 감각이 없다.

보통 사람인 우리는 베어의 공포심을 동정할 수 있다. 그 공포심 때문에 베어는 의도적으로 파울을 저질러 경기를 내주려는 심산으로 2라운드 종료 벨이 울린 다음 계속 주먹을 휘둘렀다. 루이스는 로프에 등을 기대며 베어가 휘두르는 주먹을 피했다. 파울을 유도하지 못하자 베어는 자신이 녹아웃이 되어야 경기가 끝날 것을 알았다. 그래서 이후 어떤 공격도 하지 않은 채 축사의 수송아지처럼 반항 없이 맞기만 했다. 그는 아무것도 시도하지 않았다. 라이트를 다시 한 번도 던지지 않았다. 루이스가 3라운드 후반에 그를 쓰러뜨렸는데, 카운트가 끝나기 전에 라운드 종료 벨이 먼저 울렸다. 베어는 오로지 녹아웃 되기 위해 4라운드에 임해야 했다. 그는 루이스에게 맞고 난 후 바닥에 한쪽 무릎을 대고 앉아 고개를 흔들며 더 이상 싸우기를 거부했다. 아서 도너번 심판이 카운트하며 그에게 일어나 싸울 것을 권했다. 심판이 그에게 "일어나 자식아, 사람들에게 구경 값은 해줘야지. 일어나, 일어나라고!"라고 말했는지, 아니면 "자, 베어 선수, 일어나세요. 관중들이 당신을 기다리고 있잖습니까"라고 말했는지 알 수 없으나 그건 단지 표현의 차이일 뿐이다. 심판이 뭐라고 말했든 맥스는 바닥에서 일어나지 않았다. 경기라기보다 처형에 가까운 광경이었다.

우리처럼 평범한 인간들도 물론 공포심에 질린 적이 있다. 하지만 우리는 전 헤비급 챔피언이 아니고, 우리의 겁먹은 모습을 보라며 좌석당 25달러를 챙기지 않았다. 감동적인 장관이 펼쳐질 거라고 포장하지 않았고, 공포심을 보여준 대가로 대전료 21만 5천 370달러를 받지도 않았다. 베어가 공포심 말고 보여준 게 뭐 있는가. 그가 복싱의 진짜 의미를 제대로 배웠다면 분명 다르게 처신했을 것이다.

안답시고 설치면서 베어의 승리가 확실하다고 말하던 이들은 이제 '혼란에 빠진 아도니스'가 된 베어가 사실은 상대방에게 돈을 건 게 분명하다고 말할 것이다. 브래독 선수와의 경기에서는 브래독 쪽에 돈을 걸었다고 말할 테고.[23] 이런 도박꾼들은 결과가 나온 후에야 온갖 선견지명을 내놓는다. 그 인간들이 진짜로 혜안을 가졌다면 왜 다들 빈털터리겠나. 돈을 따지도 못하는 사람들이 누구에게 돈을 거는지 당신이 궁금해할 이유가 없다.

맥스가 판돈을 어디에 걸었는지는 모른다. 내가 아는 건 그가 온몸이 뒤틀릴 만큼 겁을 먹었다는 사실, 공포라는 게 참 추하다는 사실이다. 인간이 생리 현상을 겪듯 공포를 느끼는 건 자연스러운 일이다. 하지만 어린아이가 공공장소에서 생리 현상 참는 법을 배우듯 파이터들도 경기 도중 두려움을 느끼지 않게 훈련받는다. 파이터가 복싱을 제대로 배웠다면 경기에 집중한다. 하지만 똑바로 배우지 못해 경기 도중 겁에 질린다면 상대를 피해 도망치는 투계처럼 파이터로서는 아무 쓸모가 없다고 봐야 한다.

맥스가 죽음을 두려워했을 수 있다. 프랭키 캠벨 선수가 맥스에게 맞고 사망한 적이 있으니까. 하지만 정말 그런 거라면 왠지 모르게 더 추한 광경으로 느껴진다. 그런 두려움을 유흥거리로 판다는 건 잘못된 일 아닌가. 좌석당 25달러라고 해도 말이다.

23　'신데렐라맨' 제임스 브래독은 1953년 6월 맥스 베어를 상대로 판정승을 거두고 챔피언 타이틀을 빼앗았다.

루이스는 비현실적으로 느껴질 만큼 뛰어나지만 분명 현실에 존재한다. 완벽한 각도로 가드를 올리고 상대의 타격을 전혀 허용하지 않으면서 경기할 줄 안다. 그는 상대와 거리를 늘리기도 하고 좁히기도 하지만 대체로 좁히는 편이다. 바닥에 발을 붙인 바에야 전진이 후진보다 쉽기 때문이다. 지금까지 루이스를 상대한 선수들은 그를 너무 두려워한 나머지 그가 후진하는 모습을 보려고 시도조차 하지 않았다.

루이스는 주먹을 전혀 날리지 않아도 여전히 완벽한 복서일 것이다. 그가 가드를 올리면 훅을 잘 쓰는 선수라도 그의 팔뚝과 팔꿈치를 넘어 치지 못하니 말이다. 루이스는 상대방이 훅을 칠 때 그 안쪽으로 주먹을 날린다. 루이스의 아름다운 잽은 딱딱하고 경직된 쪽이 아니라 부드럽게 흐르는 쪽인데, 그래야 주먹이 목표물을 향해 날아가던 중간 또는 3/4 정도 나아간 뒤에도 훅으로 바꿀 수 있기 때문이다. 잽으로 시작한 주먹이 훅으로 변하는 동작에서 전혀 끊김이란 없다. 몸과 신경 사이의 기적 같은 협응이라 할 수 있다. 또 루이스의 반사 신경은 밴텀급 선수들만큼 뛰어나서 그가 한번 리듬을 타기 시작하면 양손 훅이 상대 머리에 닿는 속도가 그 어떤 하위 체급 선수보다 빠르다.

루이스가 나중에 나이 들어 속도가 조금 느려진다면 그의 펀치는 지금보다 더 강해질 것이다. 현재 그는 '원 펀치 녹아웃' 선수는 아니다. 타격 속도가 워낙 빨라 상대를 무력화시킬 수 있는 파괴력을 어느 정도 희생해야 하기 때문이다. 자동 소총을 가진 사람이 샷건을 쏠 때만큼 목표물을 정확히 겨누지 않는 것과 비슷한 원리다. 루이스는 상대의 머리를 가격할 때 턱 정중앙을 치기보다 약간 위쪽으로 대여섯 번 훅을 날리는 경우가 많다. 조금 더 정확도가 높았다면 훅 한 번으로도 상대를 쓰러뜨릴 수 있었을 거다. 이런 식의 경기 운영이 가능한 건 순전히 타격 속도가 빠르기 때문인데, 그가 아직 매우 젊은 선수라는 걸 입증하는 증거이기도 하다.

　루이스는 워낙 잠재력이 있어서 앞으로 네다섯 유형의 선수로 발전할 가능성이 있고, 타격 속도가 어느 정도 떨어진 이후에는 이 중 어느 하나의 유형으로 자리 잡을 것이다. 지금은 여러 유형이 모두 섞여 있어 당장 그를 쓰러뜨릴 수 있는 약점이 존재하지 않는다. 훗날 그도 쓰러질 날이 오겠지. 우연처럼 금방 벌어질 수도 있고, 몇 년 지난 후 인기에 취해 나태해진 다음일 수도 있다. 그는 지금 스텝이 빠르고 표범처럼 몸을 부드럽게 움직인다. 노장의 지혜와 젊은이의 몸을 가진 그야말로 가장 완벽한 복싱 기계다. 훗날 살찌고 둔하고 나이 들어 대머리가 된 루이스가 더 젊은 선수에게 두드려 맞는 모습을 보게 될지도 모른다. 지금 루이스의 모습을 기억하는 우리가 말이다. 하지만 필자가 과감히 예언하건대 다음 15년 내에 누군가 조 루이스를 정정당당하게 이기려면 경기장 바닥에 들러붙어 있기만 해서는 안 될 것이다. 물론 우리 맥스의 경우에는 바닥에서 일어난다고 해도 결코 루이스를 이길 생각이 있어서는 아니지만 말이다.

사냥과
사살 사이

Shootism versus Sport: The Second Tanganyika Letter

×

Esquire 1934. 6.

사자를 도살하는 데는 두 가지 방법이 있다. 하나는 자동차 안에서 총을 쏘는 것이고, 다른 하나는 어두운 밤에 움막이나 가시덤불 보호막 또는 장막 뒤에 몸을 숨긴 후, 총잡이나 가이드가 놓아둔 미끼를 먹으러 오는 사자에게 플래시를 비춰가며 잡는 방법이다(사냥을 목적으로 아프리카에 온 관광객은 스포츠맨으로서의 사격수와 구분하기 위해 '총잡이 Shootist'라고 부른다). 이 두 가지 방법을 낚시로 치면 송어를 다이너마이트로 잡거나 황새치를 작살로 잡는 것과 동급이라 할 수 있다. 그런데 아프리카에 가서 자동차 또는 장막에 몸을 숨긴 채 사자를 잡는 이들이 마치 자신이 스포츠맨이자 맹수 사냥꾼쯤 되었다고 착각하는 경우가 많다.

세렝게티 평원은 아프리카에서 가장 큰 사자의 제국이다. 세렝게티에 가려면 자동차가 필수다. 도보 사파리 방식으로 사냥에 나서기엔 물이 흐르는 곳 사이의 거리가 너무 멀다. 덕분에 세렝게티는 잘 보존될 수 있었다. 동물의 이동 경로는 목초의 위치에 따라 결정되는데, 이 목초들은 얕고 변덕스러운 강수 패턴의 영향을 받는다. 이동 거리는 한 번에 수백 마일씩 되곤 한다. 바싹 말라서 건조한 먼지가 흩날리는 황토색 불모지를 120~160킬로미터쯤 차로 달리는 동안 사냥감의 털끝 하나 보이지 않는다. 그러다 어느 순간 초록빛 평원이 덜컥 튀어나와 한눈에 담기 힘든 규모의 영양 무리를 보기도 한다. 이런 광활함 때문에 세렝게티에서 사냥을 하려면 자동차가 필수다. 야영 캠프는 물이 있는 곳에 세워야 하는데 정작 사냥감은 반나절 이상 평원을 행군해야 다다를 수 있는 거리에 있을 수도 있기 때문이다.

아침에 배를 채우고 인간과 마주친 사자의 머릿속에는 오직 한 가지 생각밖에 없다. 인간이 자신을 괴롭히지 않게 자리를 피해 몸을 숨기는 것이다. 인간이 사자에게 갑자기 접근해서 놀래키거나 방금 사냥한 먹잇감을 지키려는 사자에게 다가서지만 않으면 크게 위험할 일은 없다. 사자가 상처를 입은 상태가 아니라면 말이다.

인간이 자동차에 탄 채 사자에게 접근하는 경우, 사자는 인간을 구분할 수 없다. 사자의 눈은 사물의 겉모습과 실루엣만 구분하기 때문이다. 자동차 안에서 밖으로 총을 쏘는 것은 세렝게티에서 금지됐기 때문에 사자는 자동차의 실루엣만 보고 특별히 반응할 필요를 느끼지 못한다. 더러 인간이 사자의 사진을 찍겠다면서 사냥한 얼룩말을 자동차 뒤꽁무니에 미끼 삼아 매달고 다니는 경우가 있어 오히려 사자는 자동차의 실루엣을 반가운 대상으로 인식하기도 한다. 따라서 자동차라는 안전지대 안에서 사자를 쏘는 건 ─ 누구 혹은 무엇이 자신을 공격하는지 사자가 인식하지 못하는 상태일 때 ─ 불법 행위일 뿐만 아니라 가장 우아한 동물을 학살하는 비겁한 방식이다.

하지만 이런 경우를 생각해보자. 당신이 자동차를 타고 평원을 가로지르던 중 100미터쯤 떨어진 곳에 있는 수사자와 암사자를 발견한다. 사자들은 가시 돋친 나무 아래에 있는데, 사자들 100미터쯤 뒤로 깊은 협곡이 보인다. 갈대가 빼곡하고 말라붙은 수로다. 평원을 가로질러 십여 킬로미터 뻗어 있는 수로는 초식 동물 무리를 사냥하는 맹수들이 낮에 몸을 숨기는 최적의 장소다.

당신은 자동차 안에 앉아 사자를 관찰한다. 수사자를 보니 총으로 맞힐 수 있을 것 같다. 당신은 지금까지 사자를 사냥한 경험이 없다. 세렝게티에서는 한 사람당 사자를 두 마리만 사냥할 수 있다. 그래서 당신은 최대한 검고 풍성한 갈기를 가진 사자를 원한다. 백인 사냥꾼이 조용히 말을 건넨다.

"나라면 저놈을 잡을 거야. 도망칠 수도 있겠지만 어쨌든 끝내주는 사자네."

당신은 나무 아래의 사자를 바라본다. 마치 코앞에 있는 것처럼 느껴진다. 수사자는 아주 평온하고 거대하면서 위풍당당하게 아름다운 모습이다. 암사자는 노란 풀 위에 길게 드러누워 꼬리를 흔들고 있다.

"가볼까?" 백인 사냥꾼이 말한다.

당신은 조수석 쪽, 그러니까 사자 반대편 방향으로 나온다. 백인 사냥꾼도 뒷좌석에서 나와 옆에 선다.

"몸을 숙이는 게 좋겠네." 그가 말한다. 당신과 사냥꾼이 자리에 앉자 자동차는 곧 자리를 뜬다. 자동차가 사라지자 당신은 자동차 안에서 사자를 관찰할 때는 몰랐던 굉장히 낯선 감정에 휩싸인다.

자동차가 시야에서 사라진다. 암사자가 자리에서 일어난 모습이 보인다. 그래서 당신은 수사자의 모습이 잘 보이지 않음을 확인한다.

"수놈이 안 보이는데요." 당신이 속삭이는 순간, 사자들이 당신의 존재를 알아차린다. 수사자는 몸을 돌려 빠른 걸음으로 멀어진다. 암사자는 그 자리에 서서 꼬리를 큰 반원으로 흔든다. "수놈은 협곡으로 들어갈 거야." 백인 사냥꾼이 말한다.

당신이 몸을 일으킨다. 암사자가 몸을 돌린다. 수사자는 걸음을 멈추고 뒤를 돌아본다. 육중한 머리가 당신을 향해 있다. 입이 크게 벌어져 있고 갈기가 바람에 나부낀다. 당신은 백인 사냥꾼의 어깨에 기대어 조준하고, 잠시 머뭇거리다가 이내 자세를 고친다. 호흡을 멈추고 방아쇠를 당긴다. 총이 발사되는 소리는 귀에 들리지 않는다. 경관이 시위대 머리통에 곤봉을 휘두를 때 들릴 법한 와그작 깨지는 소리가 들린다. 사자가 쓰러진다.

"잡았네. 암놈 조심하고."

암사자는 당신 쪽을 보며 지면에 바싹 엎드려 있다. 눈에 보이는 건 암사자의 머리통과 뒤로 젖힌 귀, 땅에 납작 엎드려 있는 노랗고 긴 형체뿐이다. 꼬리가 위아래로 빠르게 요동친다.

"암놈이 달려들 것 같은데." 백인 사냥꾼이 말한다. "이쪽으로 오면 앉아서 쏘라고."

"먼저 쏠까요?" 당신이 묻는다.

"아니, 안 올지도 몰라. 이쪽으로 오는지 보자고."

당신은 자리에 가만히 서서 암사자를 바라본다. 암사자 뒤에 옆으로 드러누운 거대한 수사자의 몸이 보인다. 이윽고 암사자는 느릿느릿 돌아서더니 걸음을 옮겨 협곡으로 모습을 감춘다.

백인 사냥꾼이 말한다. "옛날엔 암사자를 먼저 쏘는 게 당연했어. 빌어먹을 사냥 규정 같으니라고."

백인 사냥꾼과 당신은 총을 쏠 준비를 하고 사자에게 접근한다. 자동차가 돌아오고 총을 든 동료들이 합류한다. 한 명이 사자를 향해 돌멩이를 던져본다. 사자는 미동도 하지 않는다. 다들 총구를 내리고 사자에게 다가간다.

"목에 맞췄구먼." 백인 사냥꾼이 말한다. "예술이네." 사자의 풍성한 갈기 사이로 피가 흘러나오고, 그 위로 낙타 파리가 들끓는다. 유감스러운 광경이다.

"운이 좋았죠." 당신이 말한다.

당신은 그의 어깨를 빌려 조준했다는 사실에 대해 아무 말도 하지 않는다. 일순간 중압감이 사라지고 사람들이 청하는 악수에 응한다.

"혹시 모르니 사모님을 조심하자고." 백인 사냥꾼이 말한다. "멀리 가지 마시고."

당신은 죽은 수사자를 바라본다. 큰 머리와 짙은 갈기, 노란 갑옷처럼 길고 부드러운 몸통, 살갗 아래 아직도 경련하며 미약하게 움직이고 있는 근육. 훌륭한 가죽 전리품이 되겠지만, 수사자는 살아 있을 때 정말 경이로울 정도로 아름다운 생명체였다. 이제는 낙타파리가 붙은 신세라니 참 애석한 일이구나, 당신은 생각한다.

　그렇다. 자동차를 이용해 사자를 사냥하는 방법 중 스포츠맨 정신에 가까운 방식은 이런 것이다. 자동차가 떠난 뒤에 평원에 발을 딛고 서면 사자 사냥의 본질만 남는다. 급소를 빗맞히면 사자는 협곡으로 숨을 것이고, 당신은 사자를 추격해야 한다. 처음부터 집중해서 조준하고, 어디를 쏴야 할지 제대로 알고 쏜다면 곤경에 처할 확률을 10분의 1로 줄일 수 있다. 움직이는 사자를 조준하는 게 아니라는 전제에서다. 당신이 사자에게 상처를 입혔고, 그 사자가 어딘가로 몸을 숨긴 상황에서 그 뒤를 따라 추격한다면 사자가 당신을 찢어놓을 가능성이 크게 높아진다. 100미터쯤 되는 거리는 사자가 눈 깜짝할 사이에 좁힐 수 있다. 사자가 당신 위에 올라타기 전에 채 두 발도 조준해서 쏠 겨를이 없을 거다. 첫 발이 사자를 맞춘다 해도 신경을 끊어놓는 상처를 입히지 않는 한 사자는 당신을 향해 계속 달려들 것이다. 그러니 확실히 숨통을 끊어야 한다.

　세렝게티 규정에 따라 사자 사냥을 한다면 당신의 첫 발은 움직이는 사자를 겨누게 될 확률이 높다. 규정상 당신은 자동차에서 내려야 할 거고, 사자는 두 발로 선 인간을 보게 되면 자리를 피하려 들기 때문이다. 즉 당신이 총을 매우 잘 쏘거나 아주 운이 좋지 않은 한, 당신 앞에는 상처 입은 사자가 있을 것이고 당신에게 덤벼들 가능성이 있다는 뜻이다.

그러니 사자 사냥이 더 이상 스포츠 정신이 깃든 행위가 아니라고 누가 주장하거든 무시하길 바란다. 갈기가 풍성해서 멋진 전리품이 될 만한 수사자는 분명 사냥 대상이 되어 쫓긴 적이 있고, 그만큼 자기 몸을 숨기는 데 익숙하다. 사자 사냥은 사냥꾼의 실력에 정확히 비례해서 위험할 수도 위험하지 않을 수도 있다. 당신의 사격 실력만이 생명의 위협을 줄일 수 있다. 스포츠로서의 사냥은 응당 그래야 한다. 당신의 목표는 땅에 발을 딛고 단번에 사자를 사살하는 것이지, 사자에 의해 갈가리 찢기는 게 아니지 않은가.

눈에 비친 빛 때문에 상대를 볼 수 없는 사자를 쏘거나 자동차라는 안전지대, 어둠 속 장막에 몸을 숨긴 채 사자를 쏴 죽이는 총잡이에 비하면 차라리 빈손으로 아프리카에서 귀환하는 사람이 진정한 사격수라고 할 수 있을 것이다.

3부

전쟁은
아직 끝나지 않았다

헤밍웨이가 〈토론토 스타〉의 해외 특파원으로 임명된 1921년, 서방 국가 대부분은 전쟁 후 찾아온 평화를 반기고 있었다. 제1차 세계대전이 끝나고 베르사유 조약이 체결된 지 여러 해가 지난 때였다.

하지만 파리에 도착한 헤밍웨이는 또 다른 전쟁의 시작을 목격하고 있었다. 전쟁에서 승리한 강대국에 깃든 평화와 달리 유럽 곳곳에서는 전후 배상과 영토 분할 조약을 둘러싸고 갈등이 이어졌다. 특히 참전의 대가로 약속받은 영토를 아직 받지 못한 국가들의 불만이 높았다.

해외 특파원으로서 헤밍웨이가 처음으로 보도한 전쟁은 그리스-터키전이었다. 제1차 세계대전 당시 연합국은 에게해 주변 영토와 소아시아[24] 일부를 그리스에 약속했으나 이를 지키지 않았다. 이에 그리스는 동쪽으로 터키 영토 점령에 나섰다. 1922년 10월 휴전 조약이 체결될 때까지 엎치락뒤치락 전투가 이어졌다. 그리스군이 지나가고 나면 터키 무슬림 민간인들이 사는 집과 마을이 불탔고, 터키군이 휩쓸고 간 자리에는 그리스 기독교 민간인의 시체가 쌓였다. 그리스군이 이스턴 트라키아에서 철수하자 피난이 시작됐다. 헤밍웨이는 이곳에서 피난민 행렬을 보도했다. 이때 그가 관찰한 피난민의 모습은 훗날 《무기여 잘 있거라》 속 이탈리아인의 피난 행렬을 묘사하는 데 영향을 준다.

24   아시아 대륙의 서쪽 반도 지역. 현 터키 영토의 대부분에 해당한다.

이웃 국가 이탈리아에서도 또 다른 전쟁의 기운이 감돌고 있었다. 참전의 대가로 연합국으로부터 약속받은 식민지를 확보하지 못하자 이탈리아 내 정치적 대립이 증폭됐다. 이탈리아는 이내 끔찍한 해결책을 찾아내고 만다. 다음 세계대전의 불씨가 될 파시즘을 유럽에 퍼뜨린 장본인, 바로 베니토 무솔리니다.

훗날 독재 권력을 휘두르는 무솔리니가 일개 신문사의 편집장이었을 때, 헤밍웨이는 기자로서 그를 관찰할 기회를 얻는다. 그리고 자기 눈앞의 인물이 갈등을 종식시킬 인물이 아니라 또 다른 전쟁을 불러올 수 있는 인물임을 경고했다. 아직 유럽의 전쟁이 끝나지 않았음을 암시한 것이다.

처참한 침묵의
대피 행렬

A Silent, Ghastly Procession Wends Way from Thrace

×

Toronto Daily Star 1922. 10. 20.

여기는 아드리아노플. 이스턴 트라키아를 탈출하려는 기독
교인의 끝없는 행렬이 마케도니아로 뻗은 도로를 빈틈없이
메우고 있다.[25] 사람들은 비틀대는 걸음을 옮기고 있다. 아

---

25 이스턴 트라키아는 그리스-터키 전쟁 당시 그리스가 점령했던 터키 영토다.
현 이스탄불(콘스탄티노플) 서쪽 지역에 해당한다. 그리스군 퇴각과 함께
이 지역의 기독교인 주민들은 피난에 올라야 했다. 종전 후 협정을 통해 기
독교 국가인 그리스와 무슬림 국가인 터키 사이에 인구 교환이 결정됐는데,
터키 영토에 살던 그리스 정교회 인구는 그리스로, 그리스 영토에 살던 무슬
림 인구는 터키로 강제 이주됐다. 이때 소아시아와 트라키아에서 발생한 이
주 난민은 약 200만 명으로 추산된다.

드리아노플의 마리차 강을 건너는 중앙 행렬의 길이는 30 킬로미터쯤 된다. 젖소, 수소, 옆구리에 점이 박힌 물소가 끄는 수레와 세간 더미 옆에서 머리에 모포를 뒤집어쓴 채 비틀대며 걷는 남자와 여자, 아이들의 행렬이다. 이들은 빗속에서 탈진한 상태다.

중앙 행렬이 오지에서 몰려든 사람들로 점점 불어난다. 자신들이 어디를 향해 가는지도 잘 모른다. 이들은 터키군이 오고 있다는 소식을 듣고 자신의 농장과 마을, 갈색빛으로 곡식이 무르익는 토지를 뒤로한 채 피난민 행렬에 합류했다. 흙탕물이 튄 말 위에 앉은 그리스 기마병이 소를 몰 듯 피난민을 몰아세운다. 피난민들이 할 수 있는 일은 침묵의 행렬 속에서 자기 자리를 지키려 애쓰는 것뿐이다.

그야말로 침묵의 행렬이다. 누구도 신음을 내지 않는다. 그저 몸을 움직일 뿐이다. 한때 깨끗했을 소작농의 옷가지는 비에 젖어 질질 끌리고 있다. 닭은 발목이 묶인 채 수레에 거꾸로 매달려 있다. 행렬이 멈춰 설 때마다 송아지는 수레를 끄는 소에게 다가가 코를 비빈다. 돼지 옆에서 구부정한 허리로 걷는 노인의 손에는 닭 한 마리가 매달린 자루 긴 낫과 총이 들려 있다. 수레 위에서 진통을 겪고 있는 아내 위로 남편이 담요를 덮어 비를 막는다. 행렬에서 소리를 내는 사람은 그 산모뿐이다. 산모의 어린 딸이 겁에 질린 채 곁에서 울음을 터뜨린다. 행렬은 계속 움직인다.

행렬이 통과할 아드리아노플에는 근동 구호물자가 전무하다. 로도스토 지역 해안가는 형편이 좀 나은 모양이지만, 구호물자는 여전히 일부에게만 전달되는 상황이다.

이스턴 트라키아에서 대피해야 할 기독교 피난민만 25만 명에 육박한다. 불가리아는 국경을 닫아걸었다. 터키의 유럽 귀환이 불러온 이 상황을 떠안을 곳은 마케도니아와 웨스턴 트라키아뿐이다. 거의 50만 명에 달하는 피난민이 마케도니아에 머물고 있다. 이들이 어디에서 식량을 구할 수 있을지 알 수 없다. 아마 다음 달이면 모든 기독교인에게 다음과 같은 절규가 전해질 것이다. "마케도니아에 도움의 손길이 필요합니다!"

트라키아 피난민

Refugees from Thrace

×

Toronto Daily Star 1922. 11. 14.

트라키아 피난 행렬의 끔찍함을 뒤로 하고 편안한 기차에 몸을 실었다. 모든 게 마치 현실이 아니었던 것처럼 느껴진다. 사람의 기억력이라는 게 이렇게 편리하다.

　〈토론토 스타〉에 보낸 전보에서 아드리아노플의 상황을 설명했으니 다시 부연할 필요는 없을 것으로 생각한다. 피난 행렬은 여전히 이어지고 있다. 이 편지가 토론토에 전달되는 데 얼마나 걸릴지 모르지만 독자가 지면에 실린 이 글을 읽고 있을 즈음에도 여전히 공포에 질린 이들이 비틀대는 행군을 이어가고 있을 것이다. 마케도니아로 향하는 진흙탕 길은 살던 집을 떠난 피난민 행렬로 꽉꽉 메워져 있다. 25만 명이 이동하는 데에는 긴 시간이 걸리니 말이다.

아드리아노플은 지내기 좋은 곳이라고 할 수 없다. 밤 열한 시에 기차에서 내렸을 때 눈에 들어온 풍경은 그야말로 깡촌 그 자체였다. 기차역은 흙탕물을 뒤집어쓴 채 그대로 비를 맞고 있는 군인들과 이삿짐, 침대 프레임, 침구, 재봉틀, 갓난아기들, 고장 난 수레 등으로 붐볐다. 등유 램프의 불꽃만이 역사를 밝히고 있었다. 역장은 내게 그날 하루에만 열차 쉰일곱 칸에 달하는 군인들이 트라키아 서부로 퇴각했다고 말했다. 전신電信은 모두 불통이었다. 더 많은 군인이 몰려들기만 할 뿐 피난에는 묘수가 없는 상황이었다.

역장은 아드리아노플 내에서 외부인이 잘 만한 곳이라곤 마담 마리가 운영하는 호텔뿐이라고 말했다. 군인 하나가 어두운 샛골목을 통해 나를 마담 마리의 집으로 안내했다. 우리는 진흙탕은 뛰어넘고 깊게 팬 진창은 돌아서 걸었다. 마담 마리의 집에는 불이 꺼져 있었다.

문을 두드리자 맨발의 프랑스 남자가 바지만 입은 채 문을 열었다. 그는 묵을 방이 없으니 갖고 있는 이불이 있다면 바닥에 깔고 자라고 말했다. 영 마뜩찮은 상황이었다.

그때 차 한 대가 들어왔다. 영화 촬영팀 두 명과 운전사가 내렸다. 그들은 자기네 방에 간이침대가 세 개 있으니 그중 하나에 이불을 펴고 누워도 된다고 말했다. 운전사는 차에서 잠을 잤다. 간이침대에 모두 자리를 잡고 눕자 촬영팀 멤버 중 키가 큰 사람이(그의 별명은 '쇼티Shorty'였다) 마르마라 해변에서 로도스트로 이동하며 겪은 끔찍한 경험담을 들려줬다.

"오늘 마을이 타오르는 아주 멋진 장면을 촬영했지." 쇼티가 한쪽 부츠를 벗으며 말했다. "아주 멋진 쇼였어. 불타는 마을이었다고. 개미굴을 발로 걷어차는 것처럼." 쇼티가 다른 쪽 부츠를 벗겨냈다. "두세 군데 다른 각도에서 촬영하면 마을에 불이 붙은 게 아주 잘 보여. 휴우, 정말 피곤하네. 피난민 상황이라는 게 참 거지 같단 말이야. 이 나라엔 참 끔찍한 광경이 수두룩해." 그리고 채 2분이 지나지 않아 그는 코를 골기 시작했다.

새벽 한 시쯤 지독한 식은땀과 함께 잠에서 깼다. 콘스탄티노플에서 걸린 말라리아의 영향이 좀 남아있다. 내 얼굴에 앉아 피를 너무 많이 빤 나머지 날아가지도 못한 모기를 때려잡고 식은땀이 가라앉기를 기다렸다. 아스피린 한 움큼과 퀴닌[26]을 들이켜고 다시 잠을 청했다. 아침이 올 때까지 이 과정을 반복했다. 쇼티가 깨우는 바람에 다시 눈을 떴다.

"젊은 친구, 이 필름 박스 좀 봐." 가리키는 쪽을 보니

26　말라리아 치료제.

필름 박스가 이로 뒤덮여 있었다. "배가 엄청 고팠나 봐. 필름을 뜯어 먹으려고 하다니. 요 쪼그만 놈들이 배가 고팠던 거야."

간이침대에도 역시 이가 들끓었다. 전쟁 내내 이를 달고 살기는 했지만 트라키아만큼 심각한 상황은 본 적이 없다. 방에 있는 어떤 가구나 벽 한쪽을 집중해서 쳐다보면 이가 기어 다니는 게, 아니 반들거리며 움직이는 작은 점들이 보였다.

"얘네들이 사람을 해치지는 못한단 말이지." 쇼티가 말했다. "그냥 쪼그만 녀석들이야."

"이 정도는 아무것도 아냐. 룰레 바르가스[27]에 있는 다 자란 녀석들을 보면 무슨 말인지 알 걸."

호텔의 응접실이자 사무실이자 식당 역할을 하는 빈 방에서 마담 마리가 내미는 커피와 검은 빵 조각을 받아 들었다. 마담 마리는 덩치가 크고 지저분한 차림의 크로아티아 출신 여자다.

"저희 방에 이가 많던데요, 마담." 잡담이라도 나누려고 내가 밝은 목소리로 말을 건넸다.

마담 마리가 양손을 펼쳐 보였다. "길바닥에서 자는

---

27 제1차 발칸전쟁(1912~1913) 당시 불가리아와 오토만 제국의 격전지.

것보다 낫지 않아요? 안 그래요? 길바닥보다 낫죠?"

마담의 말에 고개를 끄덕인 다음, 우리를 지켜보는 마담을 뒤로한 채 밖으로 나섰다.

밖에는 비가 추적추적 내리고 있었다. 우리가 서 있는 진흙탕 골목의 반대편 끝으로 영원히 끝나지 않을 것 같은 인류의 행렬이 느릿느릿 움직이고 있었다. 아드리아노플에서 마리차 협곡을 거쳐 카라가치로 이어지는 돌길을 지나고 나면 트라키아 서부와 마케도니아로 이어지는 기복 심한 땅이 등장하고, 이 땅을 가로지르는 다른 갈림길이 나타난다.

쇼티와 일행은 차를 타고 로도스토와 콘스탄티노플로 다시 향할 계획이었다. 그래서 나를 아드리아노플로 들어서는 피난 행렬이 가득한 돌길 옆에 내려주었다. 수소가 끄는 큰 바퀴가 달린 수레, 물소가 끄는 수레, 위아래로 흔들리는 낙타의 행렬과 흠뻑 젖은 채 피난길에 나선 소작농의 행렬이 서쪽으로 이동 중이었다. 그리고 그 진행 방향을 거슬러 움직이는 얼마 안 되는 반대 행렬도 존재했다. 비에 홀딱 젖고 허름한 행색을 한 터키인들이 때 묻은 페즈 모자를 눌러쓴 채 빈 수레를 끌고 있었다. 터키인이 끄는 수레 뒷자리마다 소총을 무릎 사이에 끼우고 비가 스며들지 않게 망토 깃을 세운 그리스 군인이 앉아 있었다. 이 수레들은 그리스군이 징발한 것으로 트라키아 오지에서 피난민

물자를 싣고 대피 행렬을 돕는 데 동원되었다. 터키인 수레
꾼은 시무룩하면서도 겁에 질린 표정이었다. 그럴 수밖에
없었다.

　아드리아노플에서 돌길이 갈라지는 지점에는 그리스
기마병이 홀로 서서 행렬을 왼쪽 길로 보내고 있었다. 기마
병은 카빈총을 등에 메고 말 위에 앉아 오른쪽 길로 들어서
는 말이나 소에게 무심한 표정으로 채찍을 휘둘렀다. 그게
길을 안내하는 방식이었다.

　기마병은 터키인이 모는 빈 수레 중 하나를 향해 오른
쪽으로 가라고 손짓했다. 터키인이 방향을 틀면서 멈칫대
는 소를 채찍질했다. 그 바람에 뒤에 탄 그리스 군인이 잠
에서 깼다. 수레가 대로에서 벗어난 듯 보이자 군인은 일어
나 소총 개머리판으로 수레꾼의 등을 내리쳤다. 누더기 옷
에 배를 곯은 듯한 터키인 농부는 수레에서 굴러떨어져 얼
굴부터 바닥에 처박혔다. 공포심에 질린 수레꾼이 길을 따
라 토끼처럼 도망치기 시작했다. 그리스 기마병이 말에 박
차를 가해 그를 따라잡았다. 그리스 군인 둘과 기마병이 농
부를 붙잡고는 그의 얼굴에 몇 차례 주먹질을 했다. 농부는
있는 힘을 다해 소리를 질러댔고, 결국 피투성이 얼굴에 혼
란스러운 눈을 한 채 수레로 끌려왔다. 그는 이게 무슨 일
인지 좀처럼 이해할 수 없었다. 피난민 중 그 누구도 이 소
란에 신경 쓰지 않았다.

　나는 피난민 행렬을 따라 8킬로미터 정도를 걸었다. 흔들거리며 짖는 낙타를 피해가며 걸었다. 편평한 바퀴가 달린 황소 수레 위에는 높게 쌓인 이불 더미와 거울, 가구 몇 점, 납작하게 발이 묶인 돼지 몇 마리, 갓난아이를 포대에 싸들고 웅크린 여자들이 앉아 있다. 수레를 지나치면 바닥에 시선을 고정한 채 머리를 늘어뜨리고 걷는 노인들과 여자들이 보인다. 물소가 끄는 수레 뒤에 몸을 기대고 기계적으로 발걸음을 떼고 있다. 곡물 짚단처럼 묶어 쌓아 올린 소총 더미와 탄약을 진 노새들이 보인다. 가끔 낡은 포드 자동차가 중간에 끼어 있는데, 여기에는 수면 부족으로 꼬질꼬질 충혈된 눈을 한 그리스 참모 장교들이 타고 있다. 트라키아 소작농들은 언제나처럼 비에 젖은 채 천천히 그리고 어물거리며 힘겹게 걸음을 뗀다. 살던 고향을 뒤로하고 말이다.

　마리차강은 어제만 해도 마른 강바닥으로 피난민 수레만 가득했던 곳이었지만 이제는 폭이 400미터쯤 되어 보이는 시뻘건 벽돌 색깔의 급류가 흐르고 있었다. 강 위에 놓인 다리를 건넜다. 〈토론토 스타〉에 전보를 치기 위해 오른쪽 길로 방향을 틀었다. 샛길을 따라 마담 마리의 집으로 향했다. 모든 전신이 차단된 상황이었지만 다행히 연합국 장교들과 함께 콘스탄티노플로 복귀할 예정인 이탈리아인 대령을 찾아냈다. 그는 다음 날 전신국에 들러 대신 전보를 보내주겠다고 약속했다.

열이 여전히 심하자 마담 마리는 퀴닌과 같이 마실 트라키아 와인을 갖다 주었다. 역할 정도로 단맛이 나는 와인이었다.

"터키 놈들이 와도 난 신경 안 써요." 마담 마리가 거대한 몸집을 테이블 위에 얹고 턱을 긁적이며 말했다.

"어떻게 신경이 안 쓰이세요?"

"다 똑같은 놈들이니까 그렇지. 그리스 놈이든 터키 놈이든 불가리 놈이든 말이야. 다 똑같아요." 마담은 내가 권한 와인 한 잔을 받아 들었다. "난 다 만나봤어요. 다들 카라가치[28]를 거쳐 갔거든."

"누가 제일 낫나요?" 내가 물었다.

"나은 놈은 없어요. 다 똑같다니까. 그리스 장교들도 여기 와서 자고, 터키 장교들도 오고 그래요. 어떤 때는 그리스 장교들이 다시 오기도 하고. 다들 나한테 돈을 내죠." 나는 마담의 잔을 채워줬다.

"하지만 길바닥에 있는 저 가난한 피난민들은……" 나는 30킬로미터쯤 늘어선 피난민 행렬의 끔찍함을 좀처럼 머릿속에서 떨쳐내지 못했다. 평소보다 끔찍한 광경을

---

28 터키와 그리스 접경지.

그날따라 여럿 보았다.

"뭐 어쩌겠어요." 마담 마리가 어깨를 으쓱였다. "사람들이 언제나 그렇죠 뭐. 다 똑같아요. 터키에 이런 속담이 있어요. 좋은 속담들이 많죠. '도끼에만 죄가 있는 게 아니다. 나무에도 죄가 있다.' 이런 속담이에요."

참 터키 속담답다.

"방에서 이가 나온 건 미안해요." 마담 마리는 술기운에 나를 용서해준 듯했다. "그래도 바랄 걸 바라야지, 여기가 무슨 파리도 아니고." 발칸 반도의 지혜를 갖춘 마담이 거대하고 지저분한 몸을 일으켰다. "잘 가요, 선생. 뭐 나도 알아요. 100드라크마 청구하는 게 비싸다는 거. 그래도 내가 이 동네 유일한 호텔 주인이라고요. 길거리보다야 낫지 않아요? 안 그래요?"

무솔리니의
파시스트 정당

Fascisti Party Now Half-Million Strong

×

Toronto Daily Star 1922. 6. 24.

여기는 밀라노. 파시스트 운동의 우두머리인 베니토 무솔
리니[29]가 앉아 있는 책상은 지금까지 그가 북부 이탈리아와
중부에 뿌린 거대한 화약의 도화선과 맞닿아 있다. 짧은 귀
의 산토끼를 닮은 울프하운드 강아지가 책상 옆 바닥에서

---

29 연합국 편에서 전쟁을 치르고도 약속받은 영토를 확보하지 못하자 이탈리
아 내에서는 제1차 세계대전 참전이 '반쪽짜리 승리'였다면서 자국 정부에
대한 비판 여론이 거세졌다. 정치적으로 변두리 집단에서 출발한 무솔리니
의 파시스트 정당은 이를 기회로 빠르게 성장했다. 헤밍웨이가 무솔리니의
진의를 의심하는 이 기사를 작성한 바로 그해, 무솔리니는 로마 진군을 감행
해 집권을 시작한다.

종이를 갖고 놀고 있다. 무솔리니는 가끔씩 강아지 머리를 쓰다듬는다. 무솔리니는 크고 갈색빛이 도는 얼굴, 도드라진 이마와 게으른 미소가 엿보이는 입매, 현란한 감정 표현에 동원되는 커다란 두 손을 갖고 있다.

"파시스트는 이제 50만 명 규모로 자라났습니다." 무솔리니가 내게 말했다. "우리는 군사 조직으로 성장한 정당이죠."

자신의 말을 내가 확실하게 알아듣도록 그는 신중하게 단어를 선택하며 느린 이탈리아어로 말을 이었다. 파시스트 조직원 중 25만 명은 '검은 셔츠단'[30] 분대로 편성되어 있으며 이들은 정당의 특공부대 역할을 담당한다고 덧붙였다. "가리발디에게 붉은 셔츠단이 있었던 것처럼 말이죠." 그가 비릿한 웃음을 지었다.

"우리는 이탈리아 정부에 반기를 들려는 게 아닙니다. 법질서에 맞서려는 게 아니에요." 무솔리니가 단어마다 발음을 강조하며 말했다. 그는 편집장 의자에 몸을 기대며 커다란 구릿빛 손을 동원해 이야기에 힘을 더했다. 그는 아주 천천히 또박또박 말을 이었다. "하지만 우리를 반대하거나

---

30 1919년에 결성된 파시스트 전위활동대. 검은색 셔츠를 유니폼으로 입고 다녔다.

없애려고 드는 어떤 정부도 전복시킬 수 있을 만큼 군사력을 갖고 있는 건 사실이죠."

"과르디아 레지아는 어떻게 생각하십니까?" 내가 물었다(과르디아 레지아는 프란체스코 닛티 전 총리가 조직한 남부 이탈리아 거점의 군사 조직으로, 내전이 일어날 경우 이탈리아의 평화를 수호하려는 목적으로 설립됐다).

"과르디아 레지아는 절대 우리에게 맞서지 않을 겁니다!" 무솔리니가 답했다.

여기서 잠시 짚고 넘어가자. 파시스트의 정책 기조는 극보수주의다. 만약 캐나다의 보수 정당이 25만 명의 무장 병력을 키운 후 자신이 "군사 조직으로 성장한 정당"이라고 말한다고 생각해보자. 정당의 지도자는 자신을 반대하는 진보 정당이나 자유주의 정부를 전복시킬 힘이 있다고 선언하고 말이다. 볼 만하지 않겠는가?[31] 뿐만 아니라 보수주의자들이 진보주의자와 길 한복판에서 전투를 벌이는 걸 막기 위해 특수 헌병대가 신설되었다고 가정해보자. 그게 바로 이탈리아 정치 상황의 현주소다.

---

31 실제 강대국 언론들은 무솔리니에게 이례적으로 호의적인 대접을 했다. 일례로 영국 언론은 무솔리니가 '현시대의 나폴레옹'이라고 추켜세우기도 했다. 그 배경에는 민족주의자, 가톨릭 교회 등 보수 세력을 집결시킨 무솔리니를 통해 사회주의와 공산주의 세력을 견제하려는 의도가 있었다.

무솔리니는 예상과 무척 달랐다. 그는 생각했던 것처럼 괴물은 아니었다. 그는 '베르살리에리'[32]답게 지적인 인상을 풍기는 얼굴을 하고 있었고, 타원형에 크고 갈색빛 도는 짙은 눈동자, 느릿느릿 말을 뱉는 큰 입을 가졌다. 사람들은 무솔리니를 흔히 '사회주의 변절자'라고 부르곤 하는데, 그가 사회주의를 배신하는 데에는 그만한 이유가 있는 듯했다.

무솔리니는 37년 전 로만냐[33]의 작은 마을 폴리에서 태어났다. 혁명의 온상에서 태어난 셈이다. 1913년의 혁명이 시작된 장소는 그의 출생지 근처로, 이탈리아의 유명한 무정부주의자 말라테스타가 공화국을 세우기 위해 '붉은 가발Red Wig' 혁명을 일으킨 곳이다. 무솔리니는 스무 살이 되기 전에 교사로 사회생활을 시작했다. 언론으로 자리를 옮긴 후에는 체사레 밧티스티[34]의 조수로 트렌토에서 처음 두각을 나타냈다. 밧티스티는 이탈리아 측 알피니에서 장교로 복무하다 오스트리아군에 붙잡혀 부상을 입었고, 결

---

32 Bersagliere. 저격수로 구성된 이탈리아의 기동 보병대.

33 볼로냐를 포함한 이탈리아의 북부 지역.

34 당시 오스트리아 영토였으나 이탈리아어를 쓰는 지역 트렌토에서 태어난 정치인이다. 제1차 세계대전 당시 이탈리아 측에서 오스트리아 공격을 도왔다. 현재 이탈리아에서는 애국자로 평가받는다.

국 트렌토 성에서 교수형을 당한 인물이다. 오스트리아가 점령한 이탈리아 지역 출신이었기 때문이다.

1914년 전쟁이 시작됐을 때 무솔리니는 밀라노 사회주의 일간지인 〈아반티〉의 편집자였다. 그는 이탈리아가 연합국 편에서 참전해야 한다고 역설했다. 하지만 그의 주장에 부담을 느낀 임원진들이 그를 해고하고 말았다. 무솔리니는 자신의 주장을 펴기 위해 직접 〈포폴로 디탈리아〉를 창간했다. 그리고 여기에 가진 돈 전부를 쏟아부었다. 무솔리니는 이탈리아가 전쟁에 뛰어들자 곧바로 베르살리에리 정예부대에 입대했다.

무솔리니는 카르소 평원 전투에서 큰 부상을 입고 몇 차례 무공 훈장을 받았다. 그는 무엇보다 애국심이 넘치는 사람이었다. 1919년 북부 이탈리아를 휩쓴 공산주의 물결이 개인의 재산권을 위협하자 무솔리니는 이탈리아가 전쟁에서 거둔 승리의 과실이 깡그리 소멸되고 있다고 여겼다. 무솔리니는 항의의 표시로 파시스트 당원, 그러니까 반공산주의 특공대를 창설했다. 이후 이들이 2년간 활동한 내역은 이미 잘 알려져 있다.

무솔리니는 이제 50만 조직원의 우두머리로 우뚝 섰다. 구성원들은 다양한 직군 출신으로 이루어져 있다. 공산주의를 혐오하는 수백, 수천 명의 노동자들은 일정 기대를 갖고 파시스트 무장 조직에 모여들었다. 파시즘은 이렇게 세 번째 발달 단계에 접어들었다. 첫 번째 단계에서 파시즘은 공산주의 단체에 반격하려는 이들의 모임이었다. 두 번째 단계에서 파시즘은 정당 형태를 띠게 됐다. 이제 그들은 정치적·군사적 조직으로 발전했고, 노동자를 조직원으로 가입시키면서 노동조합의 영역을 침범하려 들고 있다. 파시즘은 로마에서 알프스까지, 이탈리아를 지배하는 세력이 되었다.

　여기서 우리가 물어야 할 질문은 이것이다. 〈포폴로 디탈리아〉의 사무실 책상에 앉아 울프하운드 강아지의 귀를 쓰다듬는 무솔리니는 '군사 조직으로 성장한 정당'을 데리고 과연 무엇을 하려 하는가?

유럽 최대의 허풍쟁이,
무솔리니

Mussolini: Biggest Bluff in Europe

×

Toronto Daily Star 1923. 1. 27.

무솔리니는 유럽 최고의 허풍쟁이다.[35] 무솔리니가 내일 아
침에 당장 나를 끌어내 총살한다고 해도 나는 여전히 그를
허풍쟁이라고 부를 것이다. 총살하겠다는 것 자체가 허풍
일 테니.

　시간이 되면 언제 무솔리니 씨가 잘 나온 사진을 구해

35　무솔리니는 자신의 독재를 정당화하기 위해 이미지메이킹도 함께 진행했다.
　　잠을 자지 않고 하루 스무 시간 이상 집무를 본다는 등의 소문을 퍼뜨리기
　　도 했다.

자세히 살펴보기 바란다. 그의 입매에 감도는 나약함이 보일 것이다. 이탈리아의 열아홉 살짜리 파시스트 청년이면 누구나 따라 하고 싶어 하는 무솔리니 특유의 찌푸린 표정을 만드는 그 입매 말이다.

무솔리니의 과거 전적도 눈여겨보기 바란다. 자본가와 노동자 사이 어디쯤 파시즘 연대가 자리 잡고 있는지, 그들이 과거에 누구와 연대했는지 공부하자. 자신의 변변찮은 생각을 현학적인 단어로 치장하는 그의 천재적 재능을 연구해보자. 일대일 결투를 선호하는 그의 성향을 분석해보자. 진짜 용감한 남자라면 굳이 일대일 결투에 나설 이유가 없다. 겁쟁이들이나 끊임없이 일대일 결투를 벌이며 자신이 용감하다고 믿으려 드는 것뿐이다. 무솔리니의 검은 셔츠와 흰색 각반脚絆[36]도 살펴보라. 아무리 눈에 보이는 이미지를 위해서라고 해도 검은 셔츠에다 흰색 각반을 받쳐 입는 사람이 제정신일 리 없다.

무솔리니가 허풍쟁이인지 아니면 오래 기억될 위인인지 논하려면 이 정도 지면으로는 부족하다. 무솔리니는 다음 15년간 장기 집권할 수도 있고, 다음 해 봄쯤 그를 증오하는 가브리엘레 단눈치오에 의해 축출당할 수도 있다. 우

---

36 발목에서부터 무릎 아래까지 돌려 감는 띠.

선 내가 로잔[37]에서 목격한 무솔리니의 참모습 두 가지를 소개한다.

파시스트 독재자께서 어느 날 언론사 취재를 받겠다고 발표했다. 기자들이 모두 모였다. 방 안에는 사람들이 가득했다. 무솔리니는 책상에 앉아 책을 읽고 있었다. 얼굴은 그 유명한 찌푸린 표정으로 일그러져 있었다. 독재자의 스타일이 물씬 묻어났다. 신문 기자 출신인 무솔리니는 방에 모인 기자들이 작성할 인터뷰 기사가 수많은 이들에게 널리 퍼져나갈 것임을 잘 알고 있었다. 그래서 그는 읽던 책에 계속 집중했다. 마음속에서는 이미 200명의 특파원이 써내려 갈 수천 가지의 신문 헤드라인을 읽고 있었다. '우리가 방에 들어섰을 때 검은 셔츠의 지도자는 읽던 책에서 눈을 떼지 않고 강렬한 집중력을 발휘하고 있었다' 등등.

나는 까치발로 무솔리니의 등 뒤로 걸어가 그가 그렇게 관심을 갖고 읽는 책이 뭔지 확인해봤다. 그건 위아래가 뒤집힌 프랑스어-영어 사전이었다.

같은 날 관찰한 독재자 무솔리니의 모습도 살펴보자. 로잔에 살고 있는 이탈리아 여성 여럿이 보 리바주 호텔 스

---

[37] 1923년 헤밍웨이는 스위스 로잔에서 열린 국제회의를 보도했다. 국제회의의 결과로 그해 로잔 조약이 체결됐고, 터키는 독립국이 되었다.

위트룸을 방문해 그에게 장미 꽃다발을 전달하려던 날이었다. 소작농 계급의 여성 여섯 명은 노동자 남편을 둔 로잔 주민들이었다. 여성들은 이탈리아의 새로운 국가 영웅이자 그들의 영웅이기도 한 무솔리니에게 꽃을 바치는 영광을 기다리며 문 앞에 서 있었다. 문을 열고 나온 무솔리니는 프록코트에 회색 바지, 흰색 각반 차림이었다. 여성 중 한 명이 한 걸음 앞으로 나와 준비한 말을 시작했다. 무솔리니는 여성을 한번 쏘아보고는 비웃음을 지었다. 그는 흰 눈동자가 도드라진 아프리카인 특유의 커다란 눈으로 다른 여성들을 힐끗 보고는 다시 방 안으로 들어갔다. 가진 옷 중에서 가장 좋은 옷으로 차려입고 온 이 소작농 여성들의 손에는 여전히 장미가 들려 있었다. 무솔리니는 그야말로 독재자다웠다.

30분쯤 후, 무솔리니는 클레어 셰리단[38]을 만났다. 매력적인 미소로 여러 인터뷰를 따내곤 했던 셰리단은 무솔리니와 30분 정도 이야기를 나눴다.

나폴레옹 시대의 기자들도 나폴레옹에게서 똑같은 모습을 보았을지 모른다. 로마 시대의 일간지 기자들도 카이

38　영국의 여성 조각가이자 저널리스트.

사르에게서 비슷한 양면성을 관찰했을지 모른다. 하지만 내가 무솔리니를 근접 거리에서 연구한 결과, 그는 나폴레옹보다 호레이쇼 바텀리[39]에 더 가깝다는 결론을 내렸다. 몸집이 크고, 호전적이고, 일대일 결투를 일삼으며, 사업적으로 성공한 바텀리의 이탈리아 버전을 생각하면 된다.

무솔리니가 바텀리와 똑같다는 뜻은 아니다. 바텀리는 멍청이에 가까웠다. 무솔리니는 바보가 아니다. 조직력이 뛰어나다. 진솔하지 못한 인물이 조직력을 이용해 국민의 애국심을 선동하는 건 아주 위험한 결과를 낳는다. 선동된 애국심으로 인해 국민이 자발적으로 정부에 무이자 대출을 해주는 지경까지 이른다면 더욱 그렇다. 바텀리가 사업에 한번 돈을 몰아넣으면 그에 따른 결과를 기대했듯이 그는 이제 무솔리니 씨에게 정부를 운영하는 것보다 정부에 반발하는 세력을 꾸리는 게 훨씬 쉽다는 걸 몸소 보여줄 예정이다.

무솔리니에 대한 반발 세력은 이미 윤곽을 드러내고 있고 차츰 부상하려 한다. 이들 세력의 지도자는 대머리에다 나이도 많고 약간 제정신도 아니다. 하지만 진정성만큼

---

39 런던 출신의 저널리스트. 금융업으로 시작해 정치계까지 진출했으나 사기 행각이 밝혀져 기소당했다.

은 믿을 수 있는 사람, 무데뽀 정신의 가브리엘레 단눈치오
일 것이다.[40]

---

40 헤밍웨이의 예상은 현실이 되지 않았다. 단눈치오는 1938년 사망할 때까지
반란을 일으키지 않았으며 무솔리니와는 일종의 정치적 경쟁 관계를 유지
하면서 때로는 조언자 역할을 하기도 했다. 1919년 피우메를 무단 점거하고
자치정부를 세우려 시도했던 단눈치오는 무솔리니의 정치 입문 초기 이미
지 통치를 구축하는 데 롤모델이 된 것으로 알려진다.

평화를 원하는
프랑스 국민과 클레망소

Builder, Not Fighter, Is What France Wants

×

Toronto Daily Star 1922. 2. 18.

여기는 파리. 호랑이의 죽음은 다른 어떤 죽음보다 극적이
다. 클레망소[41]는 한 마리의 위대한 호랑이였다. 그래서 클
레망소는 아주 극적인 죽음을 맞았다.

　클레망소의 인터뷰 내용이라면 아직도 신문 1면에 싣
곤 하는 캐나다에 살다가 프랑스를 방문하면 놀라운 차이

41　프랑스 수상을 지낸 조르주 클레망소는 제1차 세계대전에서 강경책을 구사
했다. 전쟁 중에는 강력한 전면전을 줄곧 주장했으며, 종전 이후에는 패전국
의 가혹한 배상을 요구했다. 덕분에 '승리의 아버지' '프랑스의 호랑이'라는
별명을 얻었다.

점을 목격하게 된다. 한때 '프랑스의 호랑이'라 불리던 클레망소가 정치적으로 이미 죽은 사람이라는 점이다. 달리는 기차에서 잠옷 차림으로 굴러떨어진 프랑스 전 대통령[42]이 순식간에 퇴출당했듯 말이다. 이제 아무도 클레망소의 말을 인용하지 않고, 정부 관료 그 누구도 클레망소에게 조언을 구하지 않는다. 프랑스인 앞에서 클레망소의 이름을 꺼내봤자 아무 반응도 없다. 언론들이 죄다 자신을 외면하는 탓에 클레망소씨는 자신의 의견을 대중에 전달할 신문사를 직접 차려야만 했다.

클레망소의 정치적 위상이 소멸한 과정을 이해하는 데는 두 가지 방법이 있다. 첫째, 정치인을 만나 인터뷰하는 방법이다. 그들은 베르사유 조약, 전쟁 배상금 문제, 개방 외교, 제노아, 루르 분지[43], 케말주의자에 관해 이야기를 늘어놓을 것이다. 두 번째 방법은 거리의 카페에서 진실을 듣는 것이다. 정치인이 애써 숨기려 해도 대중은 언제나 그들이 원하는 정치인을 구설에 올리는 법이다.

---

42 폴 데샤넬은 1920년 프랑스 대통령에 당선됐지만 정신질환을 앓아 같은 해 대통령직에서 물러났다. 당시 몽유병 또는 치매 증상으로 타고 있던 기차에서 떨어져 기찻길을 떠돌다가 발견된 사건이 있었다.

43 제1차 세계대전 후 독일이 전쟁 배상금을 제때 갚지 못하자 프랑스와 벨기에가 무력으로 점령한 독일 지역.

카페에서 만나는 프랑스인들은 잃을 것도 얻을 것도 없다 보니 대체로 자신의 생각들을 솔직하게 털어놓는다. 물론 카페에 죽치고 앉아 있는 이들이 속마음을 꺼내는 데 그치지 않고 불필요한 말을 덧붙여 문제이긴 하다. 하지만 속마음이 적당히 끓어오르는 시점에 말을 걸면 클레망소나 다른 주제들에 관한 진짜 속내를 엿볼 수 있다. 프랑스 각지에서 여러 사람의 의견을 모으면 그게 바로 프랑스의 국가적 견해 아닌가. 선거 결과나 언론 보도를 통해 듣는 간접 증거가 아니라 프랑스 국민의 입을 통한 국민적 정서 말이다.

"클레망소의 주장들은 이제 식상한 음식처럼 느껴지는 거예요. 진실의 맛이 안 난다고 해야 하나? 전에는 진실이었을지 몰라도 이제는 그렇게 느껴지지 않아요." 한 프랑스인이 말했다.

"하지만 전쟁 중에 클레망소가 얼마나 많은 일을 했는지 다들 잊어버린 건 아니죠?" 내가 물었다.

"전쟁은 끝났어요. 전쟁 중에야 위대한 호랑이였지만 클레망소는 전쟁이 끝난 다음에도 호랑이처럼 군림하려고 했다고요. 전쟁이 끝나면 호랑이는 국가의 부담이 될 뿐이죠. 일할 소와 당나귀가 필요하지, 호랑이가 무슨 쓸모가 있어요. 사람들은 클레망소 씨에게 질려버렸어요. 아마 죽은 다음에나 그 이름이 다시 위대해질 겁니다."

자, 수많은 프랑스 사람들과 이야기를 나눠본 결과는 이렇다. 프랑스는 새로운 정치 지도자를 간절히 원하고 있다. 자세한 설명이나 일화를 언급하지 않더라도 명백한 사실이다. 프랑스 사람들은 투사가 아니라 건축가를 원한다. 과거가 아니라 미래를 생각하는 일꾼 말이다. 나가 싸워야 할 전투가 남아있지 않으니 프랑스 공화국의 국민들은 그렇게 무심하게 클레망소를 퇴출시켜버렸다.

소임을 다한 클레망소는 아직도 죽지 않고 연명한 탓에 거리 카페에 앉아 있는 이들로부터 "얼른 죽어야 다시 위대한 취급을 받을 것"이라는 소리를 듣는 입장이 됐다.

《바투알라》의
공쿠르상 수상 소식

Prize-Winning Book Is Centre of Storm

×

Toronto Star Weekly 1922. 3. 25.

여기는 파리. 흑인 작가 르네 마랑이 쓴 소설 《바투알라》가
공쿠르상[44]을 받았다.[45] 올해의 소설에 선정되면서 이 젊은
작가에게 상금 5천 프랑이 수여될 예정인데, 작품을 둘러

---

44 프랑스 최고 권위의 문학상. 매년 12월에 신인 작가의 작품 중 가장 우수한
소설을 뽑아 수여한다.

45 프랑스령 적도 아프리카의 현실을 고발한 소설 《바투알라》의 작가 르네 마
랑(1887~1960)은 지중해 프랑스령 마띠니끄 섬 출신이다. 어린 시절 일부
를 프랑스 식민지 연방인 프랑스령 적도 아프리카에서 보냈다. 프랑스에서
교육을 받은 후, 현 중앙아프리카공화국에 해당하는 지역에서 식민지 관리
자로 15년을 근무했는데 11년 되던 해에 발표한 작품이 《바투알라》다.

싸고 거친 비판과 분노, 찬사가 소용돌이치고 있다.

마랑은 마티니끄섬에서 태어나 프랑스에서 교육받은 흑인이다. 며칠 전 프랑스 국민 의회장에서는 마랑에 대한 거센 비난이 쏟아졌다. 프랑스의 명성에 먹칠을 하고 '먹이 주는 손을 물어뜯은' 배신자라는 죄목이었다. 마랑은 프랑스 제국주의가 식민지 원주민의 삶에 끼친 영향을 고발했다. 일부 힘 있는 사람들이 그를 강하게 비판했다. 마랑의 편에 서서 정치인들에게 소설은 그냥 예술로 봐줄 것을 촉구하는 이들도 있었다. 작가의 정치적 의도가 담긴 서문만 제외하고 말이다.

복서 샘 랭포드만큼이나 검은 피부색을 가진 르네 마랑은 이번 작품의 후폭풍을 전혀 모르고 있다. 그는 중앙아프리카에 있는 프랑스 정부 기관에서 복무 중이다. 차드 호수에서부터 걸어서 이틀, 파리에서는 꼬박 70일을 이동해야 닿을 수 있는 곳이다. 마랑이 일하는 기관에는 전보나 팩스도 없다. 그는 자신이 그 유명한 공쿠르상을 탔다는 사실조차 모르고 있다.

《바투알라》의 서문을 보자. 아프리카 한복판에서 평화롭게 거주하던 1만 명 규모의 원주민들이 프랑스 치하에서 1천 명으로 줄어든 과정이 묘사되어 있다. 당시 광경을 직접 목격한 이가 독자가 껄끄러워하는 진실을 담담하고 절제된 말투로 이야기한다.

소설을 읽으면 독자는 원주민 마을을 그대로 느낄 수 있다. 흰자가 도드라져 보이는 커다란 눈의 흑인이 본 모습 그대로다. 분홍빛 손바닥, 신발을 신지 않은 크고 넓은 발바닥으로 느끼는 마을의 모습 그대로다. 마을 냄새가 코끝에서 느껴진다. 그들이 먹는 음식을 맛보고, 그들의 시선으로 백인을 바라보고, 마을에서 일생을 살고 죽음을 맞는다. 줄거리는 그게 전부다. 책장을 덮고 나면 바투알라의 삶이 고스란히 느껴지는 뛰어난 작품이다.

이야기는 마을의 우두머리인 바투알라가 아침에 눈을 뜨는 장면에서 시작한다. 이른 새벽 바투알라는 자신의 오두막에서 찬 공기에 잠이 깬다. 발치에 있는 마른 흙에는 개미가 집을 짓고 있다. 바투알라는 꺼진 불씨에 숨을 불어넣고 몸을 일으킨다. 구부정한 허리로 주저앉은 몸에 점차 온기가 돈다. 바투알라는 조금 더 잠을 잘지 일어날지 고민한다.

이야기는 나이 들어 관절이 뻑뻑해진 바투알라의 모습으로 끝난다. 표범에게 던진 창살은 빗나갔고, 표범은 그의 몸을 사정없이 할퀴었다. 바투알라는 오두막 안 마른 땅 위에 몸을 누인다. 마을의 주술사는 그를 오두막에 내버려두고 자리를 떠났다. 마을에는 젊은 우두머리가 들어섰다. 바투알라는 열과 갈증으로 서서히 죽어간다. 그의 비루한 개가 상처를 할짝거린다. 흙바닥에 등을 대고 누운 바투알라를 보며 독자는 열과 갈증을 느낀다. 개의 거칠고 축축한 혓바닥이 느껴진다.

《바투알라》의 영문판이 곧 출간될 예정이다. 작품을 제대로 번역하려면 마랑이 프랑스어를 구사하듯 영어를 구사할 줄 아는 흑인이 필요할지 모른다. 차드 호수에서부터 걸어서 2박 3일 걸리는 시골에서 일생을 산 그런 흑인 말이다.

4부

스페인 내전을
들여다보다

1936년 7월부터 약 2년 8개월간 이어진 스페인 내전은 우파 반란군의 공화정부 공격으로 시작됐다. 스페인이 파시스트 독재 정권에 넘어간 바로 그 전쟁이다. 헤밍웨이와 조지 오웰 등 전 세계 지식인이 모여 스페인 내전을 막아보려 애썼으나 결국 실패하고 말았다.

내전이 시작되기 이전의 스페인은 가난한 농민의 나라였다. 미국에서 시작된 경제 대공황의 영향으로 스페인 국민들은 고통받고 있었으며, 이전 전쟁(미국-스페인 전쟁)에서 재산을 불린 일부를 제외하고 대부분 빈곤했다. 따라서 토지 개혁과 평등을 꿈꾸는 농민, 노동자, 사회주의자들이 모여 좌파 연합을 형성했다. 이에 맞서는 우파 연합은 토지를 가진 지주, 노동자를 거느린 고용주, 로마 가톨릭 교회와 군주제 지지자로 이루어졌다. 사회주의자를 주축으로 한 좌파 연합, 인민 전선의 총선 승리로 세력을 잃을 위기에 처한 우파는 무력 체제 전복에 나섰다.

프란시스코 프랑코를 중심으로 한 반란군의 쿠데타가 시작되자 세계 각지에서 사회주의자, 공산주의자를 비롯해 파시즘에 반대하는 이들이 모여들었다. 프랑스와 미국, 캐나다 등 국적이 다른 이들이 국제여단을 꾸려 오로지 스페인 공화국을 지키겠다는 목표로 전투에 나섰다. 이들은 수십 년 전 이탈리아를 집어삼킨 파시즘의 위력을 잘 알고 있었다.

헤밍웨이는 스페인 내전에서 가장 활발히 활동한 저널리스트 중 한 사람이다. 헤밍웨이는 파리 시절부터 스페인을 사랑했고, 자신의 첫 장편 소설 《태양은 다시 떠오른다》의 배경으로 삼기도 했다. 스페인에서 벌어진 전쟁을 보도하기 위해 떠난 건 자연스러운 일인지도 모른다. 헤밍웨이는 〈북미뉴스연합〉 통신원으로 활동하며 프랑코와 파시즘을 강하게 비판했다. 지지하는 공화파에 구급차를 기부하기 위한 자금 마련에 앞장섰으며, 내전 중의 스페인을 그린 다큐멘터리 〈스페인의 대지〉의 대본을 쓰기도 했다. 스페인 내전은 헤밍웨이를 전쟁 기자로 만든 현장이었다.

헤밍웨이는 공화군의 마지막 공세인 에브로 전투 현장에 끝까지 남아있던 기자 중 하나였다. 공화군은 이 전투에서 패배했고, 1939년 3월 최후의 저항을 하던 마드리드마저 프랑코의 반란군에 함락됐다. 프랑코는 자신에게 맞섰던 스페인 국민 수만 명을 처형하며 36년 독재 시대의 문을 열었다. 헤밍웨이는 스페인 내전 현장을 누빈 경험을 바탕으로 같은 해 《누구를 위하여 종은 울리나》 집필을 시작했다.

스페인 내전 관련 혐의로
투옥된 한 화가를 지지하며

Facing a Bitter World

×

Esquire 1935. 2.

루이스 킨타니아[46]의 에칭 작품 전시회가 두 달 전에 열렸
다면 후원자 명단에는 스페인 대사와 스페인 주재 미국인
대사를 필두로 한 인사들이 여럿 이름을 올렸을 것이다. 하
지만 이번 전시회에는 후원자가 없다. 마드리드 감옥에 갇

---

46 헤밍웨이는 1920년대 프랑스 파리 유학 중 스페인 출신의 벽화가 루이스 킨
타니아와 친분을 쌓았다. 스페인 내전이 일어나기 직전 정치적 혼란기에 킨
타니아는 사회주의 노동자당에서 활동했다는 이유로 8개월간 수감 생활을
했다. 킨타니아가 투옥된 후 뉴욕 피에르 마티스 갤러리에서는 그의 석방을
돕기 위한 자선 전시회가 열렸다. 이 글은 헤밍웨이가 쓴 당시의 전시회 소
개글이다.

힌 이 예술가는 지난해 10월 노동자 봉기를 주도한 혁명위원회 조직원이었다는 이유로 기소되었고, 검사는 그에게 강도 높은 노동형 16년을 구형했다. 이제 그의 곁에 남은 후원자라곤 에칭 작품 속의 귀족들뿐이다.

어느 소란스럽던 날, 아바나에 머물고 있던 나는 마드리드에 있는 친구 둘로부터 전보를 받았다. 쉬운 암호문이지만 검열국은 이해하지 못할 즉석 코드로 지프 알렌이 "루이스는 창살에"라고 적어 놓은 전보였다. 코드가 담긴 종이에는 '연례 문학 행사' 전단지가 등사판으로 인쇄되어 있었다. 맥컬리 컴퍼니가 주최하는 문학 전시 다과회가 어느 스튜디오에서 열린다는 홍보물이었다. 행사 초청자로 이름을 올린 사람은 지난 2년간 '혁명'이라는 단어가 입에 붙은 듯 그 단어를 빼놓고는 오십 단어도 적어본 적 없는 인물이었다. 그런 인물이 다과회에 사람들을 초청하며 그들에게 작품을 전시하라고, 소위 문학 티타임을 가지라고 말하고 있었다.

한 가지 제안을 해야겠다. 혁명이라는 단어를 일삼는 이들로부터 약간의 세금을 걷어 그 돈으로 루이스 킨타니야나 다른 수감자들의 변호 비용을 대주는 게 어떨까. 세금을 걸을 대상은 바로 이런 자들이다. 혁명이라는 단어를 입에 올리면서 실제로는 한 번도 누군가를 쏘거나 총에 맞아본 적 없는 자, 무기를 비축하거나 폭탄을 제조해본 적도 없고 적이 숨겨놓은 무기고를 발견하거나 곁에 떨어진 폭탄의 폭발을 느껴보지 못한 자, 총파업을 겪으며 굶주린 경험이 없고 다이너마이트에 날아간 철로 위에서 기차를 운행해본 경험이 없는 자, 길 한복판에서 머리를 보호해줄 물체를 찾아 몸을 욱여넣은 적 없는 자, 머리에 가슴팍에 엉덩이에 총을 맞은 여자를 본 적 없는 자, 머리 윗부분이 잘려나간 노인네를 한 번도 본 적 없는 자, 투항의 표시로 양손을 머리 위로 들고 걸어본 적 없는 자, 말에게 총을 쏘거나 말발굽이 사람 머리통을 으깨는 모습을 본 적 없는 자, 말을 타거나 말 안장 위에서 총을 맞거나 돌팔매질 당해보지 않은 자, 곤봉에 머리를 맞거나 벽돌로 가격당한 적이 없는 자, 쇠파이프나 압축 에어 호스에 맞아 부러진 파업 불참자의 팔을 본 적 없는 자, 더 심각한 경우는―그러니까 더 많은 세금을 걷어야 할 대상은―상대적으로 안전한 밤늦은 시간 시가지에서 무기를 운반해본 적 없는 자들이다. 무기 운반 현장을 똑똑히 목격하고도 보복이 두려워 신고하지 않은 자도 그렇다. 마지막으로 (너무 길어지기 전에 이쯤 마무리하자면) 건물 옥상에서 자기 소변으로 엄지와 검지 사이에 묻은 톰슨 기관총의 발사 흔적인 검댕을 지워보지 않은 자도 마찬가지다. 계단으로 군인들이 들이닥치면 총은 물탱크 안으로 던져 넣어야 한다. 군인들은 주로 손에 묻은 흔적으로 판단하곤 한다. 물론 옥상에 증거가 확실한

데 손이 깨끗하다는 이유로 풀어주지는 않는다. 그렇게 급습하는 군인들 사이에 서본 적 없는 자도 세금을 걷을 대상이다.

그렇다. 혁명이란 단어에는 세금을 매겨야 한다. 연례 문학 행사에 참석해 혁명을 입에 올리려는 자들은 세금을 납부하고 그 증표로 배지를 달자. 사냥면허증처럼 그들이 누리고자 하는 특권에 대한 비용을 치렀다는 증거 말이다.

킨타니야는 혁명이라는 단어를 언급할 자격을 갖췄다. 하지만 그 말을 쉽게 입에 올리지는 않는다. 그는 디에고 리베라처럼 돈을 받고 영혼 없이 혁명을 외치는 자와 다르다. 킨타니야가 그린 아름다운 프레스코 벽화들은 카사 델 푸에블로나 마드리드의 시우다드 우니베르시타리아에서 찾아볼 수 있다. 그의 벽화에는 자본주의 심볼이나 다른 어떤 심볼도 등장하지 않는다. 에칭 작품과 마찬가지로 그저 인물들이 등장할 뿐이다. 그는 누군가를 일정한 잣대로 판단하려 하지 않는다. 있는 그대로의 모습을 보여준다. 사람들 앞에서 행동을 이끌어냈기 때문에 가능한 일이다. 뒤에서 따르는 사람들은 대상을 우상화하게 마련이다. 앞에서 이끄는 사람만이 대상을 있는 그대로 보여주고 비판할 수 있으며 풍자할 자격을 갖게 된다. 이들은 대상을 증오할 때도 이성적으로 증오하는 법을 안다.

알폰소 13세가 무혈 혁명으로 축출될 줄 몰랐던 시절

에 킨타니야는 자기 거처에 무기를 모아 숨겨둔 사람이다. 알폰소가 왕위에서 내려올지 알 수 없던 시절에도 왕궁 벽을 맨손으로 기어올라 공화국 국기를 높이 매달았던 사람이다. 그는 자기가 한 일을 매번 농담거리로 치부하곤 한다. 미국 남북전쟁에서 누군가 킨타니야만큼 활약했더라면 교과서에 기록되어 길이 칭송받을 텐데 말이다.

그런 킨타니야가 동판 위에 날카로운 도구로 그려낸 에칭 작품에는 어느 시대에나 통용될 수 있는 아름다움이 담겨 있다. 역대 에칭의 거장들과 예술적 연관성을 억지로 끌어다 붙이지 않고서도 느낄 수 있는 아름다움, 당신과 나 같은 사람들에게 익숙하게 다가오는 아름다움이다. 거듭 말하지만 나는 자기만족을 위해, 또는 사적인 이득을 위해 혁명이라는 단어를 쉽게, 너무 쉽게 입에 올리는 이들에게 세금을 물려야 한다고 생각한다. 스페인 북부에서 뿔피리 소리와 함께 혁명을 외쳤던 선조들처럼 정말로 그 단어를 외칠 자격이 있는 사람들에게 그 돈을 나눠주자.

그 단어를 입에 올릴 자격이 있는 사람들은 몸가짐부터 다르다. 우러나오는 자연스러움이 있어서 언제나 조곤조곤한 말투를 쓰고, 어떤 허드렛일도 너끈히 해낸다(그리고 언제나 일관된 목표를 향해 노력한다). 이들은 감옥에 가서 편지를 쓸 때도 자신은 잘 지내고 있으며 다른 수감자들은 모두 친절한 사람들이고 자신은 전혀 우울하지 않다고 말

마	드	리	드		거	리
			Calle de Madrid			

한다. 당신에게 잘 지내는지 묻고, 당신 아이들의 이름을 하나하나 부르며 안부를 챙긴다. 이번 사냥 시즌은 어땠는 지, 작년 이맘때쯤 우리가 에스트레마두라[47]에서 사냥한 멧 돼지만큼 괜찮은 사냥감이 있었는지 묻는다(지난 11~12월 편지에서 자신이라면 사진이 잘 나오는 네덜란드와 벨기에 쪽으 로 갈 거라고 말했다). 그리고 자신은 감옥에서 정말 잘 지내 고 있다고 거듭 말한다. 재미있는 소식이 있으면 전해달라 고 부탁하면서 감옥도 꽤 흥미로운 곳이라고 말한다.

그렇게, 마치 바람에 밀려오는 구름처럼 16년의 그림 자가 이 재능 있는 예술가의 삶에 드리워졌다(따져보면 서 른아홉에서 쉰다섯까지 감옥에서 보내는 셈이다). 그리고 여기 에 그의 에칭 작품이 전시되어 있다. 잘 들여다보길 바란 다. 이 작품들을 관람할 수 있다는 것, 소유할 수 있다는 것 은 그야말로 영광이다. 시간이 얼마쯤 지났을 때 이 예술가 는 여전히 감방에 갇혀 있거나 몇 년 전쯤 이미 죽음을 맞 아 그를 기억하는 사람들이 술 한잔을 기울이는 대상이 되 어 있을지도 모른다. "참 재능 있는 예술가였지" 하면서. 그 렇게 예술에 인생을 바치고 세상을 바꿔놓은 한 남자가 있 었다. 그는 자신이 관찰한 세상을 동판 위에 하나씩 선으

47 스페인 서부 지방.

로 그어가며 수십만, 수백만 개의 선으로 표현해냈다. 명암과 깊이, 공간, 유머, 연민, 인간에 대한 애정, 어떤 가식도 없이 삶의 모습이 그대로 담긴, 그야말로 고야 이래로 가장 정확하게 묘사된 마드리드의 모습이다.

그는 이제 창살 너머에 갇혀 있다. 파블로 이글레아시스[48] 기념비를 장식하려고 그리기 시작한 프레스코 벽화들도 미완으로 남을 운명에 처했다. 지난해 혁명은 아무래도 '나쁜' 혁명으로 기억될 것 같다. 사람들에게 명예와 일자리를 갖다 준 '좋은' 혁명과 사뭇 다르게 평가될 것이다. 좋은 혁명이란 알다시피 성공한 혁명을 뜻한다. 실패한 혁명은 나쁜 혁명이다.

이 안내 책자를 읽는 여러분은 물론 죄가 없다. 여러분들이 죄책감을 느낄 필요는 없다. 감정에 동요되는 건 부질없는 짓이니 말이다. 마드리드는 아주 멀리 떨어진 곳인 데다가 여러분은 이제껏 이 화가의 이름을 들어본 적도 없다. 그가 무슨 일로 감옥에 가게 됐는지 알 게 뭔가? 그렇다. 그런 식으로 생각하면 편하다. 하지만 이 에칭을 한번 보라. 제대로 들여다보란 말이다.

---

48 스페인 사회주의의 아버지. 스페인 사회노동자당 설립자이자 초대 당대표였다.

트 롤 리 안

Interior de un travia

곡 예 사

Saltimbanquis

믿는 만큼
보이는 전쟁

A New Kind of War

×

NANA dispatch 1937. 4. 14.

여기는 마드리드. 호텔 창문을 열고 침대에 몸을 누이면 열일곱 블록 너머 접전 지역의 소리가 들려온다. 소총 소리는 밤새도록 이어지곤 한다. 타크롱, 카퐁, 크르랑, 타크롱! 총의 구경과 비례해서 더 큰 소리가 나는 기관총은 롱, 카라롱, 롱, 롱 소리를 낸다. 박격포 포탄이 날아오는 소리가 들리고 기관총 소리가 폭죽처럼 일제히 울려 퍼진다.

　가만히 누운 채로 들려오는 소리에 귀 기울여 본다. 이곳이 유니버시티 시티나 카라반첼[49]이 아니라는 점, 침대에 편안히 뻗은 발에 차츰 온기가 올라오고 있다는 점에 감사한 마음을 가져본다. 창문 아래 거리에서 한 남자가 쉰 목소리로 부르는 노랫소리와 주정뱅이 두어 명이 실랑이 벌이는 소리를 들으며 잠을 청한다.

그날 아침에는 책상 위에 있는 전화벨이 울리기도 전에 고성능 폭탄이 만들어낸 찢어지는 굉음 때문에 잠이 깼다. 창문 밖을 보니 머리를 숙인 채 코트 깃을 끌어 올린 남자가 광장을 가로질러 뛰어가는 모습이 보인다. 다시는 맡고 싶지 않았던 화약 냄새가 코를 찌른다. 목욕 가운과 슬리퍼 차림으로 대리석 계단을 황급히 뛰어내려 간다. 부딪힐 듯 맞닥뜨린 눈앞의 중년 여자를 살펴보니 복부에 상처를 입었다. 작업복 차림 남자 두 명의 부축을 받으며 호텔 안으로 들어오는 참이다. 가슴 아래로 양손을 감싸고 있는데, 포개진 손가락 사이로 가는 피가 솟구친다. 20미터쯤 저편으로 돌무더기와 시멘트 잔해, 자욱한 먼지 아래 놓인 남자의 시체 한 구가 보인다. 찢겨나간 옷가지는 먼지에 뒤덮여 있다. 인도에 생긴 커다란 구멍 아래 가스관이 터졌다. 뿜어져 나오는 가스가 차가운 새벽 공기와 만나 한여름 신기루 같은 안개를 만들어낸다.

"몇이나 죽었죠?" 경찰에게 묻는다.

---

49 마드리드 내에 위치한 유니버시티 시티(시우다드 우니베르시타리아의 영어식 발음)와 마드리드 근교 카라반첼은 스페인 내전의 격전지였다.

"딱 한 명 죽었네요." 경찰이 답한다. "인도를 뚫고 떨어져 저 밑에서 폭발했습니다. 어디 돌바닥 위에서 터졌으면 50명은 죽었을 거예요."

머리 없이 몸뚱이뿐인 시신을 경찰이 무언가로 가려 덮는다. 가스관을 고칠 배관공을 부르는 모습까지 확인하고 호텔로 돌아와 아침 식사를 한다. 호텔 직원이 빨간 눈을 하고 복도 대리석 바닥의 핏자국을 지우고 있다. 죽은 사람은 나도 아니고 내가 아는 사람도 아니다. 엊그제는 과달라하라에서 긴 하루를 보냈고, 어제는 상당히 추운 밤을 견뎌야 했다. 그래서 우리는 오늘 아침 유난히 배가 고플 뿐이다.

"봤어요?" 아침 식사 자리에서 누군가가 묻는다.

"봤죠. 하루에도 댓 번은 지나는 곳이거든요. 저쪽 편 길 말입니다." 테이블에 앉은 누군가가 이빨이 몇 개 날아갔다는 농담을 한다. 다른 누군가가 부적절한 농담은 그만하라고 말한다. 이내 모두가 전쟁통 특유의 기분을 맛봤다. 자 봐, 난 안 죽었어. 죽은 건 내가 아니라고.

과달라하라 전선에서도 이탈리아 군인들이 죽어나갔다. 하지만 죽은 건 군인들이지 내가 아니었다. 이탈리아에서 청년 시절을 보낸 탓에 종종 죽은 이탈리아 군인들이 우리 편 전사자인 것처럼 느껴지기도 하지만 정확히 말해 사실은 아니지 않은가.

142

이른 아침에는 흉한 몰골의 자동차를 불러다 그보다 더 몰골이 더 흉한 운전사를 데리고 전방으로 향하곤 했다. 운전사는 최전방에 가까워질수록 늘, 눈에 띄게 불안한 모습을 보였다. 늦은 밤이 오면 고급 호텔 침대에 누워 불을 끄고 커다란 트럭이 질주하는 소리를 들었다. 최고급이라도 전선을 바라보고 있는 쪽의 방은 하루 1달러면 되었다. 포탄이 날아오는 방향 반대편의 작은 방은 훨씬 비쌌다. 호텔 정문 인도에 포탄이 떨어진 후에는 원래 묵던 방의 두 배 정도 되는 스위트룸에서 채 1달러도 안 되는 돈으로 묵을 수 있었다. 이번에도 죽은 건 내가 아니다. 누군가는 죽임을 당했지만 나는 아직 살아 있다. 죽은 건 내가 아니다.

모라타 전선 후방, 발렌시아로 향하는 길목에 '스페인 민주화를 위한 미국인 친선회'가 있다. 그곳에서 운영하는 병원에서의 일이다. "레이븐이 한번 뵙자고 합니다." 그들이 내게 말했다.

"제가 아는 사람인가요?"

"아닐 겁니다. 하지만 선생님을 뵙고 싶다고 하네요." 그들이 답했다.

"어느 쪽이죠?"

"위층입니다."

위층에는 회색빛 얼굴을 한 남자가 간이침대에 누워 팔에 수혈을 받고 있었다. 남자는 크르륵 소리를 내는 실린 더의 반대편으로 고개를 돌린 채 기계에 가까운 신음을 냈다. 일정한 간격으로 앓는 소리가 반복됐다. 마치 다른 무언가가 내는 소리인 듯 느껴졌다. 남자의 입술은 미동조차 하지 않았다.

"레이븐 씨 계십니까?"

"이쪽입니다." 누군가 답했다.

지저분한 회색 이불에 덮인 불룩한 덩어리 쪽에서 목소리가 들려왔다. 덩어리 위에는 양팔이 교차해서 놓여 있고 한때는 얼굴이었던 – 지금은 누런 딱지로 뒤덮인 – 형체가 달려 있었다. 눈이 있던 자리에 넓게 두른 붕대가 감겨 있었다.

"누구시죠?" 레이븐이 물었다. 얼굴에 입술이라 부를만한 것이 남아있지 않았지만 그럭저럭 명쾌한 발음에 듣기 좋은 목소리였다.

"헤밍웨이입니다. 어떻게 지내시는지 문안차 들렀습니다." 내가 답했다.

"얼굴이 말이 아니죠." 레이븐이 말했다. "수류탄에 화상 같은 걸 입은 건데 몇 번 허물이 벗겨지고 나니 한결 나아졌어요."

"전혀 나쁘지 않아 보입니다."

얼굴 쪽은 바라보지 않은 채 답했다.

"요새 미국 여론은 좀 어떻습니까? 여기 와 있는 우리

같은 사람들을 어떻게 보나요?" 레이븐이 물었다.

"분위기가 많이 바뀌었어요. 사람들은 이제 공화정부가 전쟁에서 승리할 거라 믿기 시작했어요." 내가 답했다.

"정말이요?"

"네."

"그것 참 반가운 소식이네요." 그가 말을 이었다. "사실 상황이 어떻게 돌아가는지 볼 수 있었으면 제 이런 꼴도 크게 신경 쓰이지 않았을 겁니다. 솔직히 통증 같은 건 신경 쓰이지 않아요. 크게 중요하다고 느낀 적도 없죠. 다만 워낙 호기심이 강한 성격이다 보니 요새 소식들을 제대로 좀 이해하고 싶은 거죠. 그럴 수만 있다면 통증은 아무것도 아니에요. 저도 꽤 쓸모 있는 놈이거든요. 저도 전쟁 자체가 싫은 건 아니에요. 전투 중에 나쁘지 않게 활약도 했고요. 예전에도 한번 부상을 입었는데 2주 만에 부대에 복귀한 적도 있죠. 혼자 뒷짐 지고 있는 걸 견딜 수가 없어서요. 그러다 이 신세가 되긴 했지만."

레이븐이 손을 뻗어 내 손을 잡았다. 일꾼의 손이 아니었다. 굳은살 하나 없이 길고 납작한 손끝이 둥글고 부드러웠다.

"어쩌다 다쳤습니까?" 내가 물었다.

"우리 쪽 부대 하나가 전투에서 완패하고 돌아오는 바람에 우리가 직접 가서 전열을 다시 정비했어요. 그러곤 파시스트를 상대로 꽤 큰 전투를 벌여 이겼죠. 만만치 않은 상대여서 치열하게 싸워야 했죠. 꽤 성공적으로 무찔렀다 생각했는데, 어떤 놈이 수류탄을 던지지 뭡니까."

나는 레이븐의 한쪽 손을 잡은 채 그의 이야기를 들었다. 하지만 그가 하는 말을 한마디도 믿지 않았다. 그의 모습은 치열한 전투를 치른 용사의 몰골이라고 하기에는 어딘지 모르게 어색해 보였다. 어쩌다 다쳤는지 알 수는 없지만 적어도 그의 이야기처럼은 아니라고 생각했다. 전쟁터에서 부상당하는, 누구나 꿈꿀 법한 그런 무용담이었다. 그래도 내가 그의 이야기를 믿고 있다는 인상을 주기 바랐다.

"원래 어디 출신이시죠?" 내가 물었다.

"피츠버그요. 거기서 대학을 다녔죠."

"입대 전에는 무슨 일을 하셨나요?"

"사회복지사로 일했습니다." 그가 말했다. 그 말을 듣는 순간 그의 무용담이 사실이 아닌 게 명확해졌다. 어떻게 이 끔찍한 상처를 입게 됐는지 궁금하긴 했지만 내 알 바 아니었다. 내가 지금껏 겪은 전쟁에서는 부상당한 군인들이 곧잘 무용담을 지어냈다. 처음부터 이야기를 지어내는 건 아니다. 시간이 흐르면서 자연스럽게 그렇게 됐다. 나도 마찬가지였다. 늦은 밤이면 이야기는 더욱 화려해졌다. 다행히 그는 내가 이야기를 믿고 있다고 생각했다. 우리는 책에 관한 이야기를 나눴다. 그는 한때 작가가 되고 싶었다고 말했다. 나는 그에게 과달라하라 북쪽에서 있던 일을 말해 주며 다음에 마드리드 쪽을 방문하면 선물을 갖다 주겠노라 약속했다. 아마 라디오를 구할 수 있을 것 같았다.

"도스 파소스와 싱클레어 루이스가 여기를 방문한다고 하던데요." 그가 말했다.

"네, 그 두 사람이 오거든 내가 여기로 데리고 오죠." 내가 답했다.

"세상에, 그럼 정말 감사하겠습니다." 그가 말했다. "그게 저한테 얼마나 큰 영광인지 모르실 겁니다."

"꼭 데리고 찾아뵙죠." 내가 약속했다.

"금방 온다고 하던가요?"

"오면 곧장 이리로 데리고 오죠."

"어니스트, 친절하기도 하시지." 그가 말했다. "어니스트라고 불러도 괜찮을까요?"

군화에 짓이겨진 진흙탕 언덕이 햇볕 아래서 바짝 마른 것 같은 그 얼굴 형체 속에서 또렷하고 부드러운 목소리가 들려왔다.

"당연히 괜찮죠." 내가 답했다. "동무, 금세 쾌차할 겁니다. 건강해지면 나중에 라디오 방송에도 한번 출연할 수 있겠네요."

"그럴지도 모르죠." 그가 말했다. "또 찾아주실 거죠?"

"물론이죠. 당연한 거 아닙니까." 내가 말했다.

"조심히 가세요, 어니스트."

"안녕히 계세요." 나도 인사했다.

아래층 의료진은 레이븐이 두 눈뿐만 아니라 얼굴도 형체를 잃었고 다리와 발도 크게 다쳤다고 말했다.

"발가락도 몇 개 잘라냈죠." 의사가 말했다. "근데 레이븐 씨는 아직 몰라요."

"언젠가 알게 되겠죠?"

"물론 나중에는 알겠죠." 의사가 말했다. "다시 건강해질 테니."

이번에도 나는 내가 무사하다는 사실을 떠올린다. 같은 조국의 동포는 포탄에 맞았지만 말이다. 한때 게티즈버그 전투[50]가 있었던 펜실베이니아에서 온 청년이다.

병원을 나와 길을 걷다가 레이븐의 지휘관이었던 작 커닝엄을 만났다. 그는 싸움닭 같은 영국 직업 군인 특유의 경쾌한 걸음을 하고 있었다. 왼팔에 감긴 부목에서 삐져나온 금속 지지대도, 군 행정부에서 보낸 10년 세월도 막을 수 없는 그런 걸음걸이 말이다. 왼팔 위쪽에는 관통상 세 발이 나 있었고(그중 하나는 패혈증 증상을 보였다), 또 다른

---

50 1863년 펜실베이니아주 게티즈버그에서 벌어진 전투. 미국 남북전쟁 중 가장 치열했던 전투.

총알 하나가 왼쪽 가슴을 뚫고 들어가 어깨뼈 아래에 박혀 있었다. 커닝엄은 군대용어와 글래스고 억양을 동원하며 그가 어떻게 부대 우측에서 후퇴하려는 전열을 재정비했는지, 파시스트와 정부군이 각각 한쪽 끝을 점령한 참호에 어떻게 포격을 했는지, 부대원 여섯 명과 기관총 한 자루만 들고 어떻게 참호를 탈환했으며 여든 명쯤 되는 파시스트를 어떻게 전열에서 끊어내어 고립시켰는지, 정부군 지원이 도착할 때까지 여섯 명의 부대원과 함께 고지를 방어하기 위해 어떻게 사투를 벌였는지 설명했다.

그의 이야기는 명확하고 설득력 있었다. 커닝엄의 눈빛은 독수리처럼 깊고 날카로웠다. 그의 이야기를 듣다 보면 그가 어떤 군인인지 금세 알 수 있었다. 지난 전쟁 같았으면 빅토리아 십자훈장을 받고도 남았을 활약이다. 하지만 이번 전쟁에서는 훈장이 수여되지 않는다.[51] 유일한 훈장은 부상의 흔적이지만, 부상 정도를 헤아려 계급장을 달아주지는 않는다.

"레이븐도 같은 전투에 참여했죠." 그가 말했다. "처음엔 다친 줄도 몰랐어요. 참 괜찮은 녀석이죠. 제가 먼저 다

51　스페인 내전 공식 파병이 아니라 자원병으로 구성된 국제여단 소속이었기 때문이다.

치고 나서 그렇게 된 겁니다. 우리가 길목을 막은 파시스트 부대는 아주 실력 있는 놈들이었어요. 우리를 궁지에 몰아넣고 단 한 발도 허투루 쏘지 않았죠. 놈들은 어두워질 때까지 기다리면서 우리 위치를 파악한 다음에 일제 사격을 시작했어요. 그래서 제가 한쪽에만 네 발을 맞은 겁니다."

함께 길을 걸으며 커닝엄은 여러 이야기를 들려줬다. 그중에서 내게 가장 중요했던 이야기는 레이븐에 관한 것이었다. 아무 훈련도 받지 못한 피츠버그 사회복지사 출신의 청년 제이 레이븐이 내게 쏟아놓은 전투 이야기는 모두 사실이었다. 믿는 만큼만 진실을 볼 수 있는 이번 전쟁은 지금껏 없었던 정말 낯선 종류의 전쟁이다.

마드리드,
전쟁이 시작되다

A Brush with Death

×

NANA dispatch 1937. 9. 30.

자신의 몸에 총알이 박히는 소리를 듣는 건 불가능하다고 한다. 이 말은 사실이다. 그 소리가 들린다는 건 총알이 이미 당신을 스쳐 갔다는 걸 뜻하니 말이다.

　하지만 본 특파원은 지금 묵고 있는 이 호텔에 포탄이 떨어지는 소리를 들을 수 있다. 포대 쪽에서 시작된 소리는 전차가 진입하듯 굉음을 내며 날아와 호텔 처마를 부쉈고, 객실에는 깨진 유리 조각과 무너진 회벽 무더기가 흩뿌려졌다. 부서진 유리 조각이 쨀캉거리며 떨어지는 가운데 다음 포탄이 날아오는 소리를 듣기 위해 귀에 신경을 집중한다. 마드리드에 돌아왔다는 게 실감 나는 순간이다.

현재 마드리드는 고요하다. 전투는 아라곤에서 진행 중이다. 어느 쪽도 물러서지 않는 가운데 마드리드는 포위당한 채 발이 묶였다. 카라반첼, 우세라, 유니버시티 시티에서는 지뢰 매설, 이에 대항하는 추가 지뢰 매설, 참호 폭격, 박격포 공격, 조준 사격이 이어지고 있다.

이들 도시에 포탄이 떨어지는 일은 매우 드문 편이다. 포격이 전무한 날도 더러 있어서 날씨가 화창하면 거리에는 사람이 붐빈다. 상점에서는 풍성한 옷을 자랑하고 장신구 가게나 카메라 가게, 예술품 딜러들과 골동품 가게 모두 영업 중이다. 술집에도 사람들이 들어차곤 한다.

맥주는 구하기 힘들고 위스키를 구하기란 불가능에 가깝다. 상점 진열장에는 코디얼, 위스키, 버무스의 스페인산 모조품만 가득하다. 이런 술은 마시기에 부적합하다는 사실을 일러둔다. 본 특파원은 밀로즈 에코시스 위스키라는 술을 애프터셰이브로 사용하고 있다. 살짝 따끔거리긴 하지만 굉장히 위생적이라는 기분이 든다. 무좀 치료에도 효과적일 거라는 생각이 들지만 정말 해보려면 옷에 쏟지 않도록 조심해야 한다. 이 술은 모직 옷을 삭히니까 말이다.

마드리드 사람들은 꽤 쾌활하다. 모래주머니를 입구에 쌓아둔 영화관들은 오후 시간이면 사람들로 붐빈다. 전선에 가까워질수록 사람들은 쾌활하고 낙관적으로 변한다.

전선 쪽에 가면 사람들의 맹목적인 낙관이 가공할 수준이다. 바로 엊그제는 본 특파원도 정신을 못 차리고 사람들에게 이끌려 적지를 마주 보는 쿠엥카의 작은 강가에서 수영을 즐겼을 정도다.

강은 유속이 빠르고 아주 차가웠다. 파시스트 부대가 완벽히 장악하고 있던 자리인 만큼 더 차갑게 느껴졌다. 이런 상황에서 수영을 한다는 그 오싹한 생각 자체만으로 어찌나 몸을 떨었는지 실제 물에 들어가자 오히려 쾌적하게 느껴졌다. 물론 수영을 마치고 나무 뒤에 몸을 숨긴 다음이 더 쾌적하게 느껴졌지만.

같이 수영했던 낙천주의자 일행 중 한 정부군 장교가 권총으로 물뱀을 사냥했다. 그는 세 번을 쏘고서야 물뱀을 맞췄다. 그는 상대적으로 덜 낙천적인 일행의 질책을 받았다. 그렇게 권총을 쏘아대면 어쩌자는 건가, 기관총 세례라도 받길 바라나?

그날 우리는 더 이상 물뱀을 쏘지 않았다. 대신 본 특파원은 2킬로그램 가까이 되어 보이는 크기의 송어 세 마리가 헤엄치는 것을 보았다. 메뚜기를 던지자 크고 무늬가 뚜렷한 송어 무리가 물 위쪽으로 몰려왔다. 송어들은 마치 아스팔트 덩어리가 수면에 던져진 것처럼 움푹하고도 깊은 소용돌이를 만들어냈다. 전쟁이 시작되기 전까지는 길이라곤 찾아볼 수 없었던 강변을 따라 걷다 보면 송어가 곧잘 눈에 띈다. 얕은 개울에는 작은 녀석들이, 깊은 물웅덩이와 나무가 드리운 둑 근처에는 덩치 큰 녀석들이 헤엄치고 있었다. 싸워서 지킬 만한 가치가 있는 강이다. 수영하기에는 물이 조금 차갑지만 말이다.

이 글을 작성하는 지금, 본 특파원이 묵고 있는 호텔에서 거리를 조금 걸어 내려가면 보이는 가정집에 포탄이 한 발 떨어졌다. 길가에서 어린아이가 울고 있다. 민병대원이 아이를 안아 달랜다. 이쪽 거리에서 죽은 사람은 없다. 급히 뛰던 사람들이 속도를 늦추고 긴장한 듯 헛웃음을 짓는다. 포탄 소리에 놀라 뛰지 않았던 사람들은 짐짓 우월한 태도로 그들을 쳐다본다. 이곳이 여러분이 말로만 듣던 마드리드다.

나비와 탱크

The Butterfly and the Tank

×

Esquire 1938. 12.

이 〈나비와 탱크〉 이야기는 역대 몇 안 되는, 너무나 아름답게 쓰여진 이야기입니다. 이런 이야기를 구상했다는 것도 대단한 일이지만, 이렇게 완벽하게 묘사해냈다니 그저 놀라울 뿐입니다.

– 존 스타인벡이 헤밍웨이에게 보낸 편지에서

저녁 나절 검열국을 출발해 플로리다 호텔로 향하는 길에 비가 내렸다. 절반쯤 걷다가 비가 그치지 않자 차라리 치코테[52]에서 한잔하고 가기로 했다. 마드리드가 포위된 상태로 폭격전이 이어진 이후 두 번째 맞는 겨울이었다.[53] 넉넉한 것이라곤 아무것도 없었다. 담배도 사람들의 인내심도

자취를 감췄고, 모두 조금씩 허기진 배로 근근이 버티고 있었다. 비가 오는 날씨처럼 손쓸 수 없는 일에도 사람들은 벌컥 화를 내곤 했다. 곧장 집에 가는 게 나은 결정이었을지도 모른다. 묵고 있는 호텔까지는 고작 다섯 블록이었다. 하지만 치코테 간판을 보는 순간, 얼른 한잔 걸치고 여섯 블록 떨어진 그란비아까지 포탄으로 부서진 진흙길을 걸어가자는 생각이 들었다.

치코테는 사람들로 가득했다. 바텐더 근처로 다가갈 수도 없었고 테이블도 만석이었다. 담배 연기와 노랫소리, 군복 입은 사람들과 젖은 가죽 코트 냄새가 진동했다. 바텐더는 바 앞을 세 겹쯤 둘러싼 손님들에게 술을 서빙하고 있었다.

안면이 있는 웨이터가 다른 테이블에서 의자를 하나 갖다 주었다. 검열국에서 일하는 핼쑥한 얼굴에 울대뼈가 도드라진 독일인 남자와 처음 보는 남녀 한 쌍과 합석했다.

---

52 헤밍웨이가 단골로 가던 칵테일 바.

53 마드리드는 프랑코의 반란군에게 마지막까지 맞섰던 도시 중 하나다. 헤밍웨이는 포격이 일상이 된 마드리드를 배경으로 단편 소설 세 편을 썼다. 이 글은 그중 두 번째 소설이다. 헤밍웨이는 세 편을 관통하는 주제로 한 나라에서 아군과 적군으로 나뉘어 서로를 경계하며 분열하는 내전의 참모습을 다뤘다.

입구에서 약간 오른쪽에 보이는 홀 한가운데 자리였다.

사람들의 노랫소리 때문에 말소리가 도통 들리지 않았다. 내리는 비가 보이는 쪽으로 주문한 진과 앙고스투라를 내려놓았다. 바를 꽉 채운 사람들은 모두 신나 있는 듯했다. 다들 홀짝이고 있는 신종 카탈루냐 럼 덕분일지도 모른다는 생각이 들었다. 모르는 사람 몇몇이 내 등을 두드리며 아는 체했다. 옆에 앉은 여자가 무슨 말인가 건넸을 때는 들리지도 않아서 그냥 "아, 예"라고 대답하고 말았다.

주변 살피던 걸 멈추고 테이블에 앉은 여자를 바라보았다. 보면 볼수록 못생긴 여자라는 생각이 들었다. 웨이터가 테이블로 오고 나서야 여자가 조금 전 내게 한 질문이 술을 한 잔 더 하겠냐는 제안이었음을 깨달았다. 여자의 일행인 남자는 그다지 기가 센 것처럼 보이지 않았다. 대신 여자가 남자의 몫까지 더해 기가 세 보였다. 여자는 고전적이고 뚜렷한 이목구비에 맹수 조련사처럼 단단한 인상이었다. 동행한 남자는 차라리 교복 넥타이가 어울리는 어린애처럼 보였다. 물론 그는 여기에 있는 다른 사람들처럼 가죽 코트 차림이었다. 차이가 있다면 비가 내리기 전부터 실내에 있어서 코트가 젖어 있지 않다는 점 정도였다. 여자도 자신의 고집스러운 얼굴에 걸맞은 가죽 코트를 걸치고 있었다.

애초에 치코테에 들리지 말고 곧장 집으로 갔어야 했

다. 보송보송한 옷으로 갈아입고 침대에서 편히 다리 뻗고 술을 마셨어야 했다. 이 젊은 남녀를 바라보고 있기가 지겨웠다. 삶은 길고, 못생긴 여자들은 너무 많다. 작가로서 주변 사람들에 대해 끝없이 지적 호기심을 가져야 한다는 걸 알지만 솔직히 말해 이 둘이 결혼한 사이인지, 서로 뭐가 좋아 만나는지, 정치사상은 있는지, 남자가 돈은 좀 있는지, 아니면 여자가 돈이 좀 있는지, 두 사람에 대한 그 어떤 것도 알고 싶지 않다고 혼자 되뇌었다. 두 사람은 아마 라디오 방송 관련 일을 하고 있을 것이다. 마드리드에서 행색이 눈에 띄는 민간인은 언제나 라디오 방송 관계자다. 뭐라도 말을 꺼내야겠다 싶어서 한껏 소리 높여 물었다.

"라디오 방송을 하시나 봅니다?"

"네." 여자가 답했다. 역시 그렇구나. 둘은 라디오 방송을 한단다.

옆자리 독일인 남자에게도 인사를 건넸다. "동무는 어떻게 지내시나요?"

"괜찮아요. 그쪽은요?"

"축축하네요." 내 대답에 그가 살짝 고개를 기울이며 웃었다.

"혹시 담배 한 대 있으신가요?" 독일인 남자가 물었다. 여분 한 갑을 빼고 마지막인 담뱃갑을 내밀었다. 남자가 두 개비를 가져갔다. 고집 센 인상의 여자도 두 개비를 빼 갔고, 교복이 어울리는 얼굴의 젊은 친구도 한 개비를 집어 들었다.

"하나 더 가져가시죠." 내가 소리쳤다.

"괜찮습니다." 젊은 친구가 답하자 독일인 남자가 대신 손을 내밀었다.

"제가 대신 받아도 될까요?" 그가 미소 지었다.

"그럼요." 말은 그렇게 했지만 사실 마뜩잖았는데 그도 내 불편한 심기를 눈치챘다. 담배가 워낙 궁하다 보니 알면서도 염치없이 손을 뻗은 것이리라. 태풍이 간헐적으로 소강상태에 이르듯 시끄럽던 노랫소리가 잠시 가라앉고 이내 서로의 말소리가 들리기 시작했다.

"마드리드엔 오래 계셨나요?" 고집 센 인상의 여자가 억양 강한 영어로 물었다.

"가끔 들릅니다."

"저랑 좀 진지하게 이야기를 나누시면 좋겠는데요." 독일인 남자가 끼어들었다. "한번 시간 좀 내주시죠. 언제 가능하세요?"

"제가 전화 드리죠." 그에게 답했다. 독일인 남자는 성격이 좀 괴팍해서인지 다른 멀쩡한 독일인 동료들의 미움을 받았다. 그는 자신이 피아노를 굉장히 잘 친다는 착각에 빠져 살았다. 피아노 근처에만 가지 않으면 그럭저럭 무난한 사람으로 볼 수 있었다. 술이 들어가거나 수다 떨 기회를 주면 금세 귀찮게 구는 이 독일인 남자를 주변 사람 그 누구도 쉽게 말리지 못했다. 독일인 남자는 또 가십에 일가 견이 있어서 마드리드, 발렌시아, 바르셀로나 같은 주요 도 시에 사는 인물이라면 그 누구에 대해서든 매번 새롭지만 신빙성이라곤 전혀 없는 가십거리를 떠벌렸다.

사람들의 노랫소리에 주변이 다시 시끌벅적해졌다. 목 청을 높여가며 가십거리를 이야기할 수 없으니 자꾸 말이 끊기고 여느 지루한 오후 시간처럼 느껴졌다. 테이블에 술 이나 한 잔씩 돌리고 자리를 떠야겠다 싶었다.

바로 그때였다. 갈색 양복과 흰 셔츠, 검은 타이 차림 을 하고 튀어나온 앞이마 위쪽부터 말끔히 머리를 빗어 넘 긴 한 민간인이 우스꽝스럽게 테이블 사이를 거닐다가 이 내 웨이터들에게 분무기로 물을 쏘기 시작했다. 쟁반 한가 득 음료를 나르던 웨이터를 빼고 나머지 사람들이 모두 웃 음을 터뜨렸다. 웨이터는 화가 치민 표정이었다.

"노 아이 데레초." 웨이터가 말했다. '당신은 이럴 권 리가 없다"는 뜻의 스페인어로 스페인 사람들이 종종 쓰는 아주 간결하고 결연한 항의의 표현이다.

분무기로 물을 쏜 민간인은 승리에 취한 듯 기쁜 표정 이었다. 벌써 2년째 내전이 이어지고 있고, 이곳 마드리드 가 포위당한 이후 모두 힘든 나날을 보내고 있다는 점, 자 신이 치코테에 발을 들여놓은 단 네 명뿐인 민간인 차림의 손님이라는 점 따위는 개의치 않는 듯했다. 그가 이번에는 다른 웨이터를 향해 분무기를 발사했다.

난 숨을 곳을 찾아 주변을 두리번거렸다. 웨이터는 눈에 띄게 화난 모양새였지만 민간인은 그를 향해 장난치듯 두 번이나 물을 더 쐈다. 고집 센 인상의 여자를 포함해 몇몇 손님들은 계속 웃음을 터뜨렸다. 웨이터는 우뚝 서서 머리를 가로저었다. 입술이 부르르 떨렸다. 내가 아는 한 치코테에서 10년 넘게 일해온 사람이었다.

"노 아이 데레초." 웨이터가 점잖게 타일렀다.

사람들은 또다시 웃음을 터뜨렸다. 민간인은 주변 노랫소리가 끊어진 걸 아는지 모르는지 웨이터의 뒷목을 향해 또 분무기를 쐈다. 쟁반을 들고 있던 웨이터가 뒤를 돌아봤다.

"노 아이 데레초." 웨이터가 말했다. 이번엔 불만의 표시가 아니라 선고에 가까웠다. 군복을 입은 남자 셋과 민간인 사이에 싸움이 붙었다. 곧 엉겨 붙은 네 사람은 회전문 밖으로 몰려나갔다. 민간인 턱에 주먹 꽂히는 소리가 들렸다. 누군가가 분무기를 집어 문밖으로 던졌다.

군복 차림의 세 남자가 엄숙하고 당당한 표정으로 테이블에 돌아와 앉았다. 이어 회전문이 움직이더니 민간인이 들어왔다. 머리카락은 눈언저리까지 내려와 있고, 얼굴에는 피가 묻어 있었다. 넥타이는 한쪽으로 돌아가 있고 셔츠 앞섶은 찢겨 있었다. 손에는 분무기가 들려 있었다. 그는 창백한 얼굴에 흥분한 눈빛으로 뛰어들어와 제대로 조준도 하지 않은 채 한 무리의 사람들을 향해 분무기로 물을 쏴댔다.

한 남자가 민간인을 향해 몸을 날렸다. 아까 민간인을 내쫓았던 군복 차림의 세 남자 중 하나다. 민간인은 아까보다 훨씬 많은 사람에 둘러싸여 입구 왼쪽에 있는 테이블 사이로 끌려갔다. 그는 과격하게 저항했다. 총소리가 들렸다. 나는 고집 센 인상을 한 여자의 팔을 잡고 급히 주방 문 쪽으로 몸을 날렸다.

잠겨 있는 주방 문을 어깨로 들이받았지만 꿈쩍도 하지 않았다.

"바 모퉁이 뒤로 엎드려요." 내가 말했다. 여자가 무릎을 꿇고 앉았다.

"몸을 더 낮추라고요." 나는 여자를 바닥으로 밀었다. 여자는 화가 난 듯했다.

테이블 뒤에 엎드려 있는 독일인 남자와 구석에 얼어붙어 있는 교복이 어울리는 얼굴의 어린 친구만 제외하고 방 안에 있는 모든 남자가 총을 꺼내 들고 있었다. 벽을 따라 놓인 벤치 위에는 싸구려 금발 염색을 한 여자 셋이 까치발로 서서 계속 비명을 질러댔다.

"전 안 무서우니까 이런 취급하지 말아요." 고집 센 여자가 말했다.

"술집 싸움에 휘말려 총 맞기 싫으면 가만히 있어요." 내가 말했다. "저 분무기 총잡이 놈 친구들이라도 몰려오면 상황이 어찌 될지 몰라요."

분무기 총잡이에게는 친구라곤 없었던 것 같다. 사람들이 하나둘 권총을 집어넣기 시작했다. 누군가 비명을 질러대던 금발 여자들을 벤치에서 내려주었다. 총소리와 함께 뛰어들었던 사람들은 가만히 바닥에 등을 대고 누운 총잡이로부터 서서히 물러섰다.

"경찰이 오기 전에는 아무도 못 나갑니다." 문 앞에서 누군가 외쳤다.

거리를 순찰 중이던 경찰 두 명이 소총을 들고 문 앞에 섰다. 경찰이 도착하자마자 남자 여섯 명이 미식축구팀 대열처럼 줄을 맞춰 앞으로 나왔다. 그러더니 문밖으로 발걸음을 옮겼다. 분무기 총잡이와 처음 싸움이 붙은 세 명이 거기 섞여 있었고, 그중 한 명은 총을 발사한 장본인이었다. 여섯 남자들은 태클해 들어오는 상대방을 기술적으로 제치듯 소총 든 경찰 옆을 유유히 빠져나갔다. 그 친구들이 나가자마자 경찰이 소총으로 문을 가로막고 외쳤다. "아무도 나갈 생각 마세요. 아무도 못 나갑니다."

"저 사람들은 왜 내보내죠? 나간 사람들도 있는데 왜 우리만 가둬요?"

"저분들은 공군 기지로 바로 복귀해야 하는 정비공이에요." 누군가 말했다.

"이미 몇 사람이 가버렸는데 나머지만 가둬봐야 소용없잖습니까."

"수사관이 올 때까지 움직이지 마세요. 법적 절차에 따라야 합니다."

"이미 몇 명이 나간 상황에서 나머지만 붙잡아 두는 게 말이 된다고 생각하십니까?"

"아무도 못 나갑니다. 차분히 기다리세요."

"웃기는 상황이네요." 내가 고집 센 여자에게 말했다.

"웃기다뇨, 이건 최악이죠."

우리는 선 채로 서성거렸다. 여자는 화가 치민다는 표정으로 분무기 총잡이가 누워 있는 쪽을 노려봤다. 총잡이는 양팔을 펼치고 한쪽 무릎을 세운 채 누워 있었다.

"저는 저 불쌍한 남자 쪽으로 가봐야겠네요. 왜 아무도 저 사람을 돕지 않는 거죠?"

"저라면 그냥 두겠습니다." 내가 여자에게 말했다. "엮이지 않는 게 좋아요."

"너무 비인간적이지 않나요? 간호 훈련을 받은 적이 있으니 제가 응급 처치라도 할게요."

"그냥 두세요. 가까이 가지 마시라고요." 다시 여자에게 말했다.

"왜 안 된다는 거예요?" 잔뜩 화가 난 듯 여자가 신경 질적으로 외쳤다.

"저 사람 벌써 죽었으니까요."

현장에 도착한 경찰 수사관은 모든 목격자를 세 시간 동안 붙잡아두었다. 먼저 모든 총자루의 냄새를 맡는 것으로 수사를 시작했다. 발포한 지 얼마 안 된 권총을 찾아내기 위해서였다. 권총을 마흔 자루쯤 확인하자 경찰은 진이 빠진 듯했다. 어차피 실내에는 젖은 가죽 코트 냄새만 진동했다. 이어 경찰은 분무기 총잡이의 시신 뒤에 있는 테이블에 앉아 사람들의 신분증을 검사하기 시작했다. 생전 그의 모습을 회색빛 점토로 빚은 마네킹처럼 시신은 회색빛 손과 회색빛 얼굴을 하고 있었다.

시신이 입고 있던 셔츠의 벌어진 쪽으로 내복을 입지 않은 맨살이 보였다. 신발창도 한참 닳아 있었다. 바닥에 누운 분무기 총잡이는 왜소하고 측은해 보였다. 신분증을 검사하는 경찰 수사관 둘이 앉아 있는 테이블로 가려면 시신을 넘어가야 했다. 고집 센 여자의 남편은 잔뜩 긴장했는지 통행증을 어디에 뒀는지 잊었다고 했다가 또 꺼냈다가 몇 번을 반복하면서 식은땀을 흘렸다. 이내 찾은 통행증을 옆 주머니에 넣고는 또 통행증이 사라졌다고 허둥지둥 뒤지기 시작했다. 땀을 어찌나 많이 흘리던지 젖은 머리칼은 동그랗게 말렸고 얼굴은 새빨개졌다. 남자는 교복이 아니라 아동용 모자가 어울릴 듯한 표정이었다. 사람이 충격적인 일을 겪으면 급격히 늙는다는 말이 있다. 하지만 이 남자는 이번 일을 겪으며 열 살쯤 어려진 듯했다.

차례를 기다리는 동안 고집 센 여자에게 지금 상황이 꽤 좋은 소재이니 언젠가 글로 써야겠다고 말을 건넸다. 여섯 남자가 2열 종대로 치코테를 박차고 나가던 모습은 꽤나 인상적이었다. 하지만 여자는 스페인 공화국의 대의명분을 왜곡하는 짓이라며 강하게 글쓰기를 반대했다. 나는 여자에게 내가 얼마나 오래 스페인에 살았으며, 스페인 발렌시아에서는 이미 군주제 시절에 놀라울 정도로 많은 총격전이 벌어졌다는 사실, 공화국이 들어서기 전 수백 년 동안 안달루치아 사람들이 '나바하Navaja'라는 큰 칼로 사람들을 베었다는 사실을 말해줬다.

내가 전쟁 중에 치코테 바에서 황당한 총격전을 목격했다면 글로 쓰는 게 당연하다. 뉴욕, 시카고, 키웨스트, 마르세유 그 어디서 벌어진 일이라 해도 마찬가지다. 정치적의도와 전혀 관계없는 일이라고 설명했지만 여자는 고집스럽게 반대했다. 이 여자뿐만 아니라 다른 사람들도 반대할지 모른다. 반면 독일인 남자는 이 사건이 꽤 흥미로운 글감이라고 생각하는 듯했다. 나는 그에게 마지막 남은 카멜 담배 한 개비를 내밀었다. 세 시간쯤 지난 후 경찰은 우리에게 가도 좋다고 말했다.

내가 묵고 있던 플로리다 호텔 직원들은 나를 걱정하고 있었다. 도시에 폭격이 이어지다 보니 퇴근 시간이 지나고 길거리 술집이 문을 닫는 7시 30분이 지났는데도 누군가 귀가하지 않으면 걱정하게 마련이다. 호텔로 돌아오니 마음이 놓였다. 직원들이 전기스토브로 저녁밥을 만드는 동안 나는 술집에서 벌어진 이야기를 들려주었다. 반응이 좋았다.

밤사이 비가 그치고 날이 갰다. 차가운 공기가 감도는 맑게 갠 초겨울 아침이었다. 12시 45분에 치코테 회전문을 열고 들어가 식전 진토닉을 한 잔 주문했다. 낮이라 손님이 몇 없었다. 웨이터 두 명과 매니저가 테이블로 모여들었다. 기분이 좋아 보였다.

"가해자는 잡았답니까?" 내가 물었다.

"아침부터 농담 마세요. 그 사람 총 맞은 거 봤어요?" 매니저가 말했다.

"네, 봤죠." 내가 답했다.

"저도 봤어요. 바로 여기 서서 봤죠." 매니저가 구석에 있는 탁자를 가리키며 말했다. "총부리를 아주 그 사람 가슴팍에 대고 당겼던데요."

"사람들은 몇 시까지 잡아두던가요?"

"새벽 두 시까지요."

"그리고 피암브레fiambre를 가지러 왔죠." 피암브레는

차게 식힌 소시지가 들어가는 샐러드 메뉴이자 스페인 속어로 시체를 뜻한다. "오전 열한 시쯤에 왔다 갔어요."

"선생님은 아직 그걸 모르시죠?" 매니저가 말했다.

"이 분은 아직 모르실걸요." 웨이터 하나가 말했다.

"참 희한한 일이에요." 다른 웨이터가 끼어들었다. "아주 드문 일이죠."

"아주 비극적인 일이기도 하고." 매니저가 고개를 저으며 말했다.

"맞아요, 희한하고 비극적인 일이죠. 아주 슬프기도 하고." 다른 웨이터가 말했다.

"무슨 말씀이시죠?"

"이게 참 희한한 사건이에요." 매니저가 답했다.

"무슨 말씀인지 얘기 좀 해주시죠."

매니저가 테이블 위로 몸을 기울이더니 비밀스럽게 말을 이었다.

"그 분무기 총 말입니다." 그가 말했다. "그 안에 향수를 채워놨대요. 그 불쌍한 친구가."

"그러니까 그냥 어설프게 장난치려던 거죠." 웨이터가 말했다.

"그냥 실없는 장난이었던 겁니다. 싸움까지 날 게 아니었죠." 매니저가 말했다. "에이, 못난 자식."

"그냥 사람들 재미있으라고 장난을 친 거군요." 내가

말했다.

"네. 재수 없게 오해를 산 거죠." 매니저가 답했다.

"분무기 총은 어떻게 됐나요?" 내가 물었다.

"경찰이 가져갔어요. 유족한테 돌려줬나 봅니다."

"유족들은 그래도 그걸 받고 좋아했겠네요."

"그렇겠죠." 매니저가 답했다. "분무기 총이야 언제나 유용하니까요."

"뭐 하던 사람이랍니까?"

"캐비닛 만들던 사람이라네요."

"결혼은 했답니까?"

"네, 부인이 아침에 경찰하고 같이 왔더라고요."

"부인은 뭐라던가요?"

"시신 옆에 주저앉아 그랬죠. '대체 누가 당신에게 이런 짓을 한 거예요, 페드로? 누가 이런 짓을 했냐고요?'"

"그러곤 경찰이 부인을 다른 데로 데려갔어요. 그냥 놔두면 실신하겠더라고요." 웨이터가 덧붙였다.

"아마 남자가 지병이 있었던 모양이에요." 매니저가 말했다. "전쟁 초기에는 전투에도 참여했다고 하네요. 시에라 전투에도 참전했는데 심장이 약해서 돌려보내졌다 그러더라고요."

"그럼 어제 오후에는 기분이라도 풀려고 술을 마시러 왔나 보네요." 나는 나름 추측을 해봤다.

"아뇨." 매니저가 답했다. "이게 얼마나 기묘한 사연이냐 하면, 전부 아주 드문 경우라니까요. 경찰이 말해준 겁니다. 시간을 잡아먹어서 그렇지 경찰이 할 일은 하니까요. 경찰이 그 사람이 일하던 공장 동료들을 찾아가 조사를 좀 했답니다. 주머니에 있던 조합증에서 회사 이름을 찾은 거죠. 알고 보니 누구 결혼식에 가서 장난을 치려고 분무기 총하고 향수를 샀다는 겁니다. 동료들한테 미리 계획을 말했대요. 향수는 길 건너 가게에서 산 거고요. 향수병 라벨에 가게 이름이 찍혀 있었어요. 향수병은 화장실에서 발견됐고요. 분무기 총에 향수를 채웠는데 비가 내리기 시작하니까 여기 들른 겁니다."

"그 사람이 여기 왔던 것도 기억나네요." 웨이터 하나가 말했다.

"노랫소리도 들리겠다 흥이 나서 기분이 한창 좋았을 거예요."

"흥이 난 정도가 아니고 아주 날아다니던데요." 내가 말했다.

매니저는 스페인식 논리를 펼쳤다. "심장 약한 사람이 술을 마시면 그렇게 흥이 나죠."

"막상 이야기를 들으니 마음이 별로 좋지 않네요." 내가 말했다.

"생각해보세요, 이게 얼마나 기이한 상황인지. 그 사

람의 장난기가 마치 나비처럼 나풀대다가 전쟁의 진지함과 딱 맞부딪힌 거라고요." 매니저가 말했다.

"그러게요, 정말 나비처럼." 내가 말했다. "너무 나비처럼."

"농담 아니에요." 매니저가 말했다. "잘 생각해보세요, 정말 나비와 탱크 같지 않습니까?"

그는 자신의 비유가 매우 만족스러웠나 보다. 스페인식 형이상학을 음미하는 듯했다.

"저희가 술 한 잔 공짜로 드릴 테니 이 이야기를 꼭 글로 쓰셔야 합니다." 그가 말했다.

분무기 총잡이의 회색빛 점토 같은 손과 얼굴, 펼쳐진 양팔과 구부린 채 세운 한쪽 무릎이 떠올랐다. 아주 조금, 아주 약간 나비를 닮았을지 모른다. 딱히 사람의 형상으로 보이지는 않았으니까. 굳이 따지자면 죽은 참새를 닮았다고 생각했다.

"술은 진하고 슈웹스 퀴닌 토닉 워터로 주세요." 내가 말했다.

"글로 꼭 쓰셔야 합니다." 매니저가 당부했다. "자, 행운을 빕니다."

"건배." 내가 말했다. "그런데 어제 만난 영국 여자는 저한테 이 이야기를 쓰지 말라더라고요. 대의명분을 해치는 짓이라고."

"멍청한 소리." 매니저가 말했다. "이게 얼마나 흥미롭고 중요한 사건인데요. 악의 없는 장난기가 우리 시대의 치명적인 진지함과 딱 충돌한 거라고요. 적어도 저한테는 근 몇 년 동안 벌어진 일 중에 가장 신기하고 흥미로운 얘기에요. 선생님께서 꼭 글로 써주셔야 합니다."

"네, 알겠습니다. 그러죠." 내가 말했다. "근데 그 남자, 자식은 있답니까?"

"경찰한테 물어보니 없다고 하던데요. 어쨌거나 이 이야기를 글로 쓰시면 제목은 꼭 '나비와 탱크'라고 붙이셔야 합니다." 매니저가 답했다.

"알겠습니다. 근데 그 제목은 좀 별로인 것 같네요." 내가 말했다.

"왜요, 얼마나 근사합니까, 예술의 극치라고요!" 매니저가 말했다.

"알았습니다. 그럼 제목은 정해졌네요. '나비와 탱크'로." 내가 말했다.

치코테는 청소를 마친 후 산뜻한 냄새와 맑은 공기로 가득 차 있었다. 상쾌한 아침이었다. 오랜 친구가 되어버린 매니저는 우리가 함께 만들기로 약속한 예술 작품에 대해 기뻐하고 있었다. 진토닉을 한 모금 마신 후 샌드백처럼 부서진 창문을 내다보며 무릎 꿇은 분무기 총잡이의 부인을 상상했다. "페드로, 페드로, 누가 당신한테 이런 짓을 한 거예요?"

방아쇠를 당긴 범인의 이름이 밝혀진다 해도 경찰은
영원히 그녀의 물음에 답할 수 없을 거라는 생각이 들었다.

5부

전쟁이란
무엇인가

"나는 전쟁을 깊이 증오합니다."[54]

헤밍웨이는 세상을 떠나기 직전까지 전쟁을 가슴 깊이 증오했다. 그는 '전쟁은 작가에게 무엇과도 바꿀 수 없는 경험'[55]이라고 말했지만, 저널리스트로서는 전쟁을 결코 옹호하지 않았다. 수많은 전투 현장에 서본 헤밍웨이였지만, 전쟁에는 익숙해질지언정 살인에는 익숙해질 수 없다고 고백했다. 그의 눈에 전쟁은 어떤 경우에도 지지할 수 없는 행위였다.

헤밍웨이는 이념과 이해관계가 뒤섞인 전쟁터에서 무의미한 죽음을 맞는 이들을 목격했다. 그리고 세상에는 전쟁보다 더 추악한 것이 있다고 말했다. 비겁함, 배신, 이기심 따위였다. 그는 전쟁을 통해 정치적, 경제적 이득을 얻는 위정자들을 강하게 비난했다.

헤밍웨이가 〈북미뉴스연합〉 통신원으로 현장에 섰던 스페인 내전을 생각해보자. 영국과 프랑스 등의 열강 정부들은 공화정부와 프랑코 반란군 사이에서 벌어진 스페인 내전에 대해 무관심 또는 전략적 훼방을 놓는 태도를 보였다. 이들은 불간섭위원회를 구성하고 공화정부가 무기를 수입할 수 없게 봉쇄 조처를 내렸다. 프랑코의 반란군이 무솔리니와 히틀러로부터 전력 지원을 받고 있다는 사실을 알면서도 체계적으로 공화정부의 전

---

54   1961년 1월 〈Playboy Magazine〉 인터뷰 중에서.

55   《Green Hills of Africa》, 1935.

력 보강을 차단한 것이다.

전쟁 확산을 막겠다는 게 표면적인 이유였지만, 실제로는 정치 이념을 따진 결과였다. 좌파 성향의 스페인 공화정부를 지원할 경우 사회주의나 공산주의가 득세해 노동자들이 임금 인상이나 토지 개혁을 요구할까 우려한 것이다. 세계 열강은 수많은 민간인이 목숨을 잃는 와중에도 파시스트 반란군을 묵인하고 공화정부의 손발을 묶었다. 당시 윈스턴 처칠은 파시즘을 "소련이라는 독의 해독제"이자 "전 세계에 도움이 된 운동"이라고 부르며 파시즘을 한껏 추어올리기도 했다.[56] 헤밍웨이는 이에 영국, 미국, 프랑스 관료 대부분이 파시스트라고 주장하며 열강의 위선을 강하게 비난했다.

헤밍웨이는 이탈리아 전선에서 부상당한 열아홉 살부터 죽을 때까지 전쟁터를 가까이했고 전쟁에 관한 글을 썼다. 전쟁의 참상을 고발할 때는 적군과 아군을 구분하지 않았다. 억울하게 죽은 민간인, 무솔리니의 군인, 전쟁터에 끌려온 용병 등 모든 이들의 죽음을 끊임없이 상기시켰다. 전쟁은 잘못된 거라고 모두에게 경고했다.

56 〈The Times〉, 1927. 1. 21.

다음 세계대전을
기다리며

Notes on the Next War: A Serious Topical Letter

×

Esquire 1935. 9.

아무리 불가피하더라도, 아무리 정당화할 수 있다 하더라도
절대로 전쟁이 범죄가 아니라고 착각하지 마십시오.
보병들과 망자들에게 물어보십시오.
　– 헤밍웨이가 쓴《Treasury for the Free World》서문 중에서

이번 8월과 9월도 무사히 지나갔다. 적어도 연말까지는 자유로운 일상이 펼쳐질 것이다. 다음 해 8월과 9월도 마찬가지일 것이다. 아직은 시기가 이른 감이 있다. 군수품 공장이 풀가동하던 지난 전쟁에서 그들은 많은 돈을 벌었다. 전쟁의 도움 없이 재산을 늘릴 수만 있다면 그들도 굳이 전쟁

을 시작하려 하지 않는다. 그러니 우리는 내년 여름이나 가을까지 평소처럼 자유롭게 살면 된다. 저녁이면 집에 가고, 아내 옆에서 잠을 청하고, 야구를 보러 가거나 돈 내기를 하고 술을 마신다. 수중에 1달러, 아니 10센트라도 있다면 그걸로 즐길 수 있는 유흥거리가 있을 것이다. 하지만 그다음 해, 그리고 다음 해가 오면 그들은 전쟁을 시작할 것이다. 우리는 어떻게 될까?

전쟁이 시작되면 우리는 돈을 벌 것이다. 아마 그럴 것이다. 물론 돈 한 푼 만지지 못할 가능성도 있다. 정부가 돈을 다 가져가버리는 경우다. 최근 분석에 따르면 그게 전쟁을 통한 돈벌이의 전형적인 모습이다. 복지 수당을 받던 빈곤층 청년들은 전쟁이라는 소득 없는 일터로 끌려갈 것이고, 그날부터 노예 신세가 된다.

유럽 전역에서 펼쳐질 이번 전쟁에 미국이 휘말릴 가능성을 생각해보자. 정치적 프로파간다(라디오가 얼마나 유용하게 이용될지 생각해보라)와 사람들의 탐욕, 전쟁을 통해 망가진 국가 재정을 되살려보려는 속셈이 우리를 전장으로 몰아넣을 것이다. 국민이 자기 손으로 뽑은 대표자를 통해 국가 의제에 찬반표를 행사할 수 없도록 하려는 움직임이 보이거나 국민의 결정권을 행정부 지도자에게 위임하려는 채비가 진행될수록 우리는 그만큼 전쟁의 문턱에 가까이 다가선다.

권력이 국민의 손에서 행정부로 옮겨가면 정부를 제어할 유일한 기능이 상실되는 셈이다. 일부 개인이나 특정 집단의 사람들은 전쟁터에 나가기를 거부하거나 복무를 면제받는 특권을 누리기도 한다. 이들에게는 미국뿐만 아니라 다른 어떤 나라도 전쟁으로 몰아넣을 수 있는 어떤 권한을 부여해서는 안 된다. 권한을 부여하는 과정이 아무리 점진적이고 체계적이라 해도 말이다.

망가진 국정을 되돌릴 수 있는 첫 번째 특효약은 자국의 통화 인플레이션이고, 두 번째는 전쟁이다. 둘 다 일시적인 경제 번영을 약속한다. 하지만 동시에 영구적인 상처와 손실을 수반한다. 정치적, 경제적 기회주의자들이 빠져나갈 수 있는 탈출구라는 점에서도 둘은 비슷하다.

유럽 국가들은 미국의 우방이 아니다. 지난 전쟁[57] 이후 더욱 그렇다. 목숨 바칠 가치가 있는 전쟁은 오직 당신의 조국, 한 나라를 위할 때다. 미국이 다시 유럽의 전쟁에 손을 대서는 안 된다. 그릇된 이상주의나 전쟁 프로파간다도, 채무국을 지원한다는 명목도, 열악한 국가 재정을 개선시킨다는 뻔뻔한 구실로 돈을 벌려는 이들의 요구도 미국이 전쟁에 뛰어드는 이유가 될 수 없다.

57　제1차 세계대전.

현시점에서 상황을 분석해보고 미국이 전쟁을 피할 가능성이 있는지 살펴보자.

이제 어떤 국가도 다른 나라에 진 빚을 갚으려 하지 않는다. 국가들끼리, 또는 국가가 국민을 상대할 때에도 마찬가지다. 진정성 있어 보이려고 더 이상 꾸며내지도 않는다. 핀란드가 미국에 계속 배상을 하고 있지만, 그건 핀란드가 아직 뭘 모르는 신생 국가이기 때문이다. 미국도 한때 신생 국가였지만 이제는 배울 것을 다 배우고 노련해지지 않았나.

채무국이 상환을 거부하는 경우, 그들의 어떤 약속도 신뢰할 수 없게 된다. 이제 우리는 다른 나라를 상대할 때 우리와 맺은 조약이나 선언문의 내용이 그 나라의 최우선적 이해관계에 정확하고 완벽하게 맞아떨어지지 않는 한 그 약속들을 지키지 않을 것이라고 보아야 한다.

몇 년 전 늦여름, 이탈리아가 제국주의 팽창 정책의 일환으로 북아프리카에 눈독을 들였다. 그러자 이에 반대하는 프랑스가 대응에 나서면서 양국 접경지대에 군대가 배치되는 일이 있었다. 이때 군사적 움직임에 대한 언급은 케이블과 라디오 프로그램 검열을 통해 모조리 삭제됐다. 우편으로 소식을 전하려 했던 특파원들은 현지 정부로부터 추방 협박을 받기도 했다.

당시 불거졌던 두 국가 간의 갈등은 무솔리니가 제국

주의 야욕의 방향을 동아프리카로 틀면서 자연스럽게 사그라졌다. 프랑스와 이탈리아는 협상을 통해 무솔리니의 이탈리아가 프랑스의 식민 영토인 북아프리카에서 손을 떼고, 대신 국제연맹[58] 회원국으로서 자주권이 보장되는 국가[59]에 대한 침공을 눈감아주기로 한 게 분명하다.

이탈리아는 애국자들의 나라다. 사회가 어지럽고 경제 상황이 악화되고 정부의 탄압과 가혹한 세금 부담이 도를 넘어서도 무솔리니가 다른 나라를 상대로 전쟁을 선포하기만 하면 그의 충실한 애국 시민들은 적을 무찌르겠다는 열의에 눈이 멀어 그간의 불만 따위는 금세 잊어버리고 만다. 집권 초기 무솔리니 지지도가 떨어지고 반대 세력이 힘을 얻었을 때도 무솔리니는 같은 방식으로 일 두체[60]에 대한 암살을 시도했다. 이를 지켜본 이탈리아 국민들은 하마터면 지도자를 잃을 뻔했다며 지도자에 대한 광적인 애정에

---

58 유엔국제기구의 전신. 제1차 세계대전 종전 후 세계 평화에 기여한다는 목표로 설립되었으나 무력 충돌을 막는 데는 성과가 적었고, 제2차 세계대전 후 해체됐다.

59 아프리카 대륙 대부분이 강대국의 식민지였던 당시, 에티오피아(아비시니아) 왕국은 주권국이었다. 헤밍웨이는 이듬해 무솔리니의 에티오피아 침공을 두고 〈아프리카에는 독수리가 난다〉(이 책 194쪽)를 썼다.

60 '일 두체'는 '지도자, 최고권위자'를 뜻하는 호칭이다. 여기서는 무솔리니 자신을 뜻한다.

사로잡혔다. 무솔리니가 자신에게 맞서는 반대 세력에 끔찍한 탄압 조치를 내려도 국민들은 오직 애국심에 불타 맹목적으로 그를 옹호했다.

무솔리니는 자국민의 그 감탄할 만한 '애국 히스테리'를 바이올린 켜듯 연주할 줄 안다. 프랑스와 유고슬라비아가 적대국으로 부상할 때 무솔리니가 파가니니 협주곡을 연주하지 않은 건 내심 이들 국가와 전쟁을 원치 않았기 때문이다. 그의 목표는 으름장만 놓는 것이었다. 무솔리니는 '이탈리아 군대는 절대 무적'이라고 세뇌된 청년 세대를 길러냈다. 하지만 그의 머릿속에는 아직 32만 명이 넘는 이탈리아 군인이 죽거나 부상, 실종된 카포레토 전투[61]의 기억이 자리 잡고 있다. 전쟁 실종자가 26만 5천 명이 넘은 전투였다.

그런 무솔리니가 전쟁을 치르기로 마음먹은 상대는 미처 신발도 갖춰 신지 못한 채 중세 시대나 사막에 있었을 법한 대형으로 싸우는 부족사회 국가의 군인들이다. 무솔리니는 비행기, 기관총, 화염방사기도 갖추지 못한 이들을 상대로 폭격기를 사용하겠다는 계획을 세웠다. 화살과 창, 카빈총을 든 기병을 상대할 때는 최첨단 대포를 사용할 것

61　제1차 세계대전 중 오스트리아와 싸워 이탈리아군이 대패한 사건.

이다. 이탈리아가 승리를 거두기 위한 최적의 조건이 갖춰졌다. 전쟁에서 승리하면 이탈리아 국민들의 관심은 국내 문제에서 한동안 멀어질 수밖에 없다. 이 계획의 유일한 허점은 아비시니아에 정식으로 훈련받고 무기까지 보유한 소수 정예 부대가 존재함을 간과했다는 것이다.

프랑스는 이 두 국가의 전쟁을 반기는 입장이다. 양측 모두 전쟁에서 지는 시나리오가 가능하다는 게 첫 번째 이유다. 이탈리아 역사상 두 번째로 큰 패전이었던 블랙 카포레토 당시, 상대는 에티오피아 군인들이었다. 무솔리니는 당시 그들이 10만 명 규모였다고 주장하는데, 그 에티오피아 군인들은 아두와Adwa 전투에서 이탈리아군 1만 4천 명을 무찌른 장본인들이다. 1만 4천 명에게 10만 명을 상대하라는 건 물론 공평하지 않다고 항변할 만하다. 하지만 전쟁의 본질은 애초에 1만 4천 명의 군대가 10만 명을 상대할 상황을 만들지 않는 것 아닌가. 이탈리아군은 블랙 카포레토 전투에서 백인 4천 5백 명, 원주민 용병 2천 명의 사상자를 냈다. 그리고 1천 6백 명이 포로로 붙잡혔다. 아비시니아가 인정한 전사자는 3천 명이었다.

프랑스는 아두와 전투를 통해 전쟁터에서는 누구나 패자가 될 가능성이 있다는 걸 배웠다. 그럴 가능성은 좀 낮지만 최근에 있었던 베어 대 브래독의 복싱 챔피언 경기

결과[62]를 통해 같은 교훈을 배웠을지도 모른다. 세균병과 열병, 내리쬐는 태양, 열악한 이동 수단 등 모든 게 군대를 무너뜨릴 수 있다. 현지 기후에 익숙하지 않고 열대성 질병에 면역력이 없는 침략군은 급격히 퍼지는 전염병에 희생될 수 있다. 적도 근처에서 전쟁을 일으킨 군대는 그곳에서 살아남는 데 드는 어려움만으로도 패배를 맛볼 수 있다.

프랑스의 예상은 이렇다. 이탈리아군은 전쟁 승패와 상관없이 전쟁 비용에 허덕이게 될 테니 유럽에 문제를 일으키지 못할 것이다. 물론 과거에도 이탈리아는 다른 국가들과 손을 잡지 않는 한 유럽의 큰 골칫거리가 된 적이 없다. 석탄과 철이 생산되지 않기 때문이다. 석탄과 철 없이는 전쟁이 불가능하지 않은가. 하지만 최근 이탈리아는 이런 한계를 극복하기 위해 막대한 규모의 공군을 증설하는 데 힘써왔다. 이탈리아가 최근 유럽 내에서 위협적인 존재로 떠오른 건 바로 이 공군 때문이다.

영국도 이탈리아가 에티오피아를 침략하는 데 찬성한다. 영국이 보기에는 이탈리아가 이번 전쟁에서 패하고 혼

---

62 기대 승률이 낮았던 제임스 브래독이 맥스 베어를 상대로 헤비급 타이틀을 쟁취하면서 '신데렐라맨'이라는 별명을 얻었다. 상대적으로 전투 기량이 우수한 이탈리아를 맥스 베어에, 패배가 예상되는 에티오피아를 브래독에 비유할 수 있다.

줄나면 그만큼 유럽의 평화가 연장될 것이다. 이탈리아가 전쟁에서 이긴다면 지금까지 영국령 케냐 북쪽 국경을 따라 벌어지던 아비시니아군의 습격을 멈추는 데 일조하게 된다. 아비시니아에서 아라비아 반도로 향하는 노예 무역도 이제 영국이 아니라 이탈리아의 문제가 될 것이다.

이 와중에 영국이 기필코 성사시켜야 하는 목표는 이 전쟁의 승자와 에티오피아 북동부 수력 발전 시설에 관한 협정을 맺는 것이다. 그러면 영국령 수단으로 물을 끌어다 쓸 수 있다. 합리적으로 추론하건대 앤서니 이든[63]이 최근 로마를 방문했을 때 이와 관련해 미리 손을 써두었을 가능성이 높다. 마지막으로 하나 덧붙이자면, 영국은 이탈리아가 에티오피아 땅에서 약탈품을 가져올 때 수에즈 운하 또는 우회로인 지브랄터 해협을 통과할 수밖에 없다는 사실을 염두에 두고 있다. 이탈리아가 아닌 일본이 에티오피아를 침공하고 궁극적으로 아프리카 대륙에 진입 발판을 마련한다면 그들은 영국 해역을 거치지 않고 곧장 본국으로 약탈품을 나를 수 있다. 혹시 모를 상황이 닥쳤을 때 일본에는 영국의 통제권이 미치지 않는다는 뜻이다.

독일도 무솔리니가 에티오피아를 집어삼키는 데 찬성

---

63 당시 영국 외무장관.

이다. 독일로서는 아프리카의 현재 상황에 무슨 변화든 생겨야 한다. 그래야 과거 독일이 점령했던 식민 영토의 반환을 요구할 틈이 생기기 때문이다. 식민지 반환이 성사되면 독일은 잠시나마 잠잠할 것이다. 히틀러 치하의 독일은 전쟁, 그것도 보복성 전쟁을 원한다. 아주 열렬하고 애국적이고 맹목적으로 원한다. 이런 독일을 바라보며 프랑스는 그저 독일이 너무 강해지기 전에 전쟁이 일어나길 바랄 뿐이다. 프랑스 국민은 전쟁을 원하지 않지만 말이다.

무시 못 할 위협만큼이나 무시 못 할 차이점이 있다. 프랑스는 하나의 국가로 이루어져 있다. 영국은 여러 국가로 이루어져 있다. 하지만 이탈리아는 한 명의 사람으로 이루어져 있다. 무솔리니다. 독일 역시 한 사람, 히틀러다. 이들은 야심을 갖고 있으며 경제적 난관에 부딪힐 때까지 집권할 것이다. 그리고 수습 방안으로 전쟁을 시도할 것이다. 원래부터 전쟁을 원하는 국가는 없다. 프로파간다에 재능이 있는 누군가의 설득에 넘어갈 뿐이다. 오늘날의 프로파간다는 과거 어느 때보다 더 강력한 파급력을 지닌다. 프로파간다는 점점 조직적으로 생산되고 전파되며 통제되는 추세다. 그 끝은 한 자락의 진실도 용납하지 않는 통치자에 의해 지배되는 국가의 모습일 것이다.

전쟁은 단순히 경제적 이해관계의 셈법으로 설명되지 않는다. 한때 그랬을지 몰라도 이제는 아니다. 전쟁은 이제 자국민의 애국심을 이용하는 선동가와 독재자에 의해 촉발된다. 선동가와 독재자는 실정失政을 펼치다가 그들이 떠벌리던 개혁이 무위로 돌아가고 나면 자국민의 애국심을 부채질한다. 그러면서 전쟁이야말로 문제의 해결책이라는 허상을 선전한다. 바로 이들이 전쟁을 계획하고 실행에 옮기는 장본인이다.

전쟁을 향한 준비는 이미 시작됐다. 오랜 기간 구상된 살인 계획에 우리는 매일 한 걸음씩 가까워지고 있다. 우리 미국인들은 깨달아야 한다. 아무리 고귀한 인품을 가진 사람이라 하더라도 그 사람이 국가를 전쟁으로 몰아넣을 권한을 손에 넣도록 방관해서는 안 된다. 체계적이고 점진적으로 권력을 이양한다 해도 마찬가지다. 행정부 지도자에게 권한을 쥐여 주면 정작 위기가 닥쳤을 때 누가 그 자리에 앉아 있을지 알 도리가 없기 때문이다.

예전에는 나라를 위한 희생은 곧 아름답고 의미 있는 죽음이라는 인식이 있었다. 하지만 현대전에서는 당신의 죽음이 아름답지도 않고 의미도 없다. 당신은 그저 개죽음을 맞을 뿐이다. 머리에 총을 맞으면 빠르고 깔끔하게, 어찌 보면 아름답게 죽음을 맞는 것처럼 보일 수 있다. 정신이 아득해질 때까지 시야에 내려앉는 흰 섬광만 빼고 말이다. 총알이 전두엽이나 시신경을 휘젓고 지나가면 섬광마저도 없을 거다. 날아온 총알이 당신의 턱 주변만 날려버리거나 코나 광대뼈를 뭉개버리면 당신은 머리로는 생각할 수 있겠으나 목소리를 낼 얼굴이 없을 거다. 머리 대신 가슴팍에 총을 맞으면 숨을 쉴 수 없을 거고, 아랫배에 총을 맞으면 몸을 일으켜 세우려고 할 때마다 장기가 쏟아져 아득하게 정신을 잃는 느낌이 들 것이다. 사실 크게 고통스러울 리 없지만, 사람들은 비명을 지르곤 한다. 아마 총에 맞았다는 상상 자체가 고통스러워 그러는 것인지도 모른다. 번쩍이는 빛, 고성능 포탄이 딱딱한 바닥에 떨어지며 철컹하는 굉음이 들린다. 그리고 곧 무릎 위로 사라진 다리, 아니면 무릎 밑으로 사라진 다리, 어쩌면 발 하나일 수도 있고, 각반 아래로 허옇게 튀어나온 뼈를 보게 되거나 곤죽이 된 당신 발이 부츠에 그대로 박혀 있는데 전우들이 그걸 벗겨낼 때, 아니면 팔이 잘려나가며 뼈가 갈리는 게 어떤 느낌인지 알게 될 때, 아니면 몸이 불에 타거나 숨이 막히고 토악질이 멈추지 않을 때, 갖가지 방법으로 살이 잘려나갈 때…… 여기에서는 그 어떤 아름다움이나 의미도 찾아볼 수 없다.

그러나 이 역시 모두 의미 없는 논쟁이다. 역사상 전쟁의 갖은 잔혹성 때문에 인류가 전쟁을 포기한 적은 없다. 전쟁을 시작하기 전에는 언제나 내가 아니라 다른 사람들만 희생될 거라 생각한다. 하지만 전쟁이 길어지면 내가 장담하건대, 당신이 죽을 차례가 온다.

전쟁이라는 이름의 살육을 막는 법은 단 하나다. 전쟁을 만드는 지저분한 수법들, 전쟁을 기다리는 더러운 자들과 범죄자들, 이들의 어리석은 전쟁 운영 방식을 공개함으로써 선량한 사람들이 속아 넘어가지 않게 하는 것이다. 사기꾼을 의심하듯 전쟁 선동가를 의심해야 한다. 그들의 말에 속아 전쟁터에 끌려가는 노예가 되기를 거부해야 한다.

만약 전쟁이 싸우길 원하는 사람들, 싸울 줄 알고 싸움을 즐기는 사람들, 최소한 전투가 뭔지 이해하는 사람들에 의해 치러진다면 그 전쟁은 정당화할 수 있을지도 모른다. 하지만 전쟁을 즐기는 소위 엘리트 계급은 전쟁 시작 후 몇 달이면 다 죽어 사라지게 마련이다. 뒤에 남아 전쟁을 치르는 건 전쟁터에 끌려온 노예 신세의 군인들이다. 이 군인들은 전투 현장에서 발생할지 모르는 잠재적 죽음보다 탈영하면 즉결 처형이라는 장교들의 엄포가 더 공포스럽다는 사실을 체득한다. 증폭하던 공포심은 어느 정도 폭격과 총알 세례를 겪고 나면 언젠가 폭발한다. 모두 도망쳐서 멀리 꽁무니를 빼고 나면 그 군대는 그걸로 끝이다. 지난 전쟁을 생각해보자. 먼저든 나중이든 결국 도망치지 않은 연합군 부대가 있기는 했나? 도망친 부대 이름을 다 적기에는 공간이 부족하다.

현대전에는 승자가 없다. 참전국 모두 패자가 될 때까지 전쟁이 치닫기 때문이다. 마지막까지 버텨봐야 온전히

190

승리할 만한 여력은 남아있지 않다. 결국 어느 나라 정부가 먼저 붕괴하는지, 추가 병력을 보내줄 우방을 누가 먼저 확보하는지가 전쟁을 판가름한다. 동맹국도 종종 도움이 되기는 한다. 루마니아처럼 쓸모없는 경우도 있고.

현대전에는 승리도 존재하지 않는다. 지난 전쟁은 연합군의 승리로 끝났지만, 정작 개선식 행렬을 이끈 연대는 전투에 참여한 이들이 아니었다. 전장에서 싸운 이들은 다 죽었으니까. 무려 700만 명 넘는 군인들이 죽었다. 여기에 또 700만 명쯤 더 희생시키고 싶어 안달 난 인간들도 있다. 개인적이고 군사적인 야망, 피에 젖은 애국주의처럼 흐릿한 망상에 사로잡힌 이들, 전 독일군 상병과 모르핀 중독자 출신의 전 파일럿[64] 말이다. 히틀러는 가능한 한 빨리 유럽에 전쟁을 일으키려 한다. 전 상병인 그가 이번 전쟁에서 직접 싸울 일은 없다. 그의 역할은 대중 앞에서 연설하는 것이다. 전쟁은 그에게 잃을 것 없는 게임이다.

무솔리니 역시 상병 출신이다. 그는 무정부주의자 출신이자 뛰어난 기회주의자 출신이고 현실주의자이기도 하다. 그는 유럽에서 전쟁이 일어나길 원치 않는다. 당장 전쟁을 일으킬 것처럼 허세를 부리지만 그는 절대 유럽 땅에

64　전 독일군 상병은 히틀러, 전 파일럿은 헤르만 괴링을 가리킨다.

서 전쟁을 일으키지 않을 것이다. 무솔리니의 머릿속에는 전쟁의 기억이 고스란히 남아있다. 박격포 사고로 입은 부상 때문에 군대를 떠나 신문사로 돌아가야 했던 기억이다. 무솔리니는 유럽 땅에서 싸우고 싶어 하지 않는다. 이번 전쟁에서는 누구나 패전 가능성을 안고 있기 때문이다(루마니아를 상대로 싸우지 않는 한 말이다). 전쟁을 일으켰으나 승리하지 못한 독재자는 자신은 물론이요 자식들까지도 영영 권력에서 멀어지게 만들 거라는 걸 그는 잘 알고 있다.

하지만 자기 세력을 키우려면 전쟁은 필수다. 그래서 무솔리니는 아프리카를 전쟁터로 선택했다. 아프리카에 단 하나 남은 자유 국가가 표적이다. 안타깝게도 아비시니아 사람들은 기독교를 믿기 때문에 성전$^{Holy\ War}$이라는 핑계가 통하지 않는다. 대신 노예 무역을 막아보겠다는 표면적 이유를 대면 에티오피아를 피아트^{Fiat}[65] 제국에 귀속시키는 게 가능하다. 군사적 시점으로 봐도 이게 가장 신속하고 효율적이며 이상적인 전략이다. 다만 이렇게 완벽하게 계산된 전쟁은 2~3년 내에 정권은 물론 정부 체제 전부를 무너뜨릴 가능성도 있음을 염두에 두어야 한다.

일례로 독일군의 폰 레토브 포르베크 대령은 지난 전쟁

65 이탈리아의 대표적인 자동차 브랜드.

에서 백인이 250명뿐인 5천 명 규모의 부대를 이끌고 13만 명이 넘는 연합군과 4년 넘게 전투를 이어갔다. 탕가니카와 포르투갈령 아프리카에서 벌어진 이 전투에 전쟁 비용 7천 2백만 파운드가 들었다. 전쟁이 끝날 무렵에도 그는 여전히 게릴라전을 펼치고 있었다.

마찬가지로 아비시니아인들이 이탈리아와 화해하는 대신 게릴라전을 펼치기로 마음먹는다면 에티오피아는 이탈리아에 깊은 상처를 남길 것이다. 게릴라전은 이탈리아의 재정을 거덜 내고 이탈리아 청년들의 목숨과 식량 자원을 소모시킬 것이다. 망가진 몸을 이끌고 돌아오는 이탈리아 군인들은 고통에는 반드시 영광이 따를 것이라며 자신들을 전장 속으로 몰아넣은 정부에 대해 잔뜩 혐오감을 안고 있을 것이다. 언제나 그렇지만 그릇된 환상에서 깨어난 군인들은 정권을 전복시키는 주역이 된다.

아프리카에서 벌어질 전쟁은 유럽 땅의 일시적인 평화를 조금 연장시킬지도 모른다. 물론 히틀러가 그사이 다른 마음을 먹을 수도 있다. 어쨌든 유럽 땅에서 끓어오르고 있는 지옥의 수프를 우리 미국인이 나서서 맛을 볼 필요는 없다. 유럽은 언제나 전쟁의 땅이었고, 유럽의 평화란 그저 휴전 상태를 의미하지 않았던가. 유럽인의 전쟁에 바보처럼 한 번 끌려든 것으로 족하다. 다시 끌려가선 안 된다.

아프리카에는
독수리가 난다

Wings Always Over Africa: An Ornithological Letter

×

Esquire 1936. 1.

포트사이드[66]로부터 전쟁의 소식을 담긴 전보가 도착했다. 에티오피아의 전장[67]에서부터 출발한 선박 여섯 척이 수에즈 운하를 지나 일주일쯤 후에 이탈리아에 도착할 거라

---

66 이집트 수에즈 운하 북쪽 끝에 있는 항구.

67 헤밍웨이가 경고한 대로, 무솔리니는 이탈리아 국민들의 애국심을 조종하기 시작했다. 무솔리니가 내건 기치는 식민 영토 확보를 위한 에티오피아 침공이었다. 국제연맹은 이탈리아 제재에 미온적이었고, 국제 사회는 결과적으로 에티오피아를 외면했다. 1935년 10월 무솔리니는 에티오피아를 침략했다.

는 소식이었다. 배에는 부상을 입거나 병든 이탈리아 군인 9,476명이 탑승할 예정이다. 전보에는 이 군인들의 이름이 뭔지, 아프리카 전장으로 보내지기 전에 떠난 고향 마을이 어딘지 언급되어 있지 않다. 전보에 언급되어 있지 않은 사실은 또 있다. 부상당한 군인들이 타고 오는 배의 최종 도착지가 이탈리아 어느 외딴 섬에 있는 병원으로, 사실은 거의 수용소에 가깝다는 사실이다. 온전치 못한 모습으로 조국에 돌아오는 군인들의 모습이 국민 사기를 떨어뜨리는 상황을 막기 위해서다.

겪어본 이들은 알겠지만 이탈리아 사람들은 감정 기복이 심하다. 막일하는 이탈리아 부모들의 경우 수술대에 누운 자식을 치료하는 의사에게 내 아들을 살려내지 못하면 죽여버리겠다고 으름장을 놓거나 실행에 옮기기도 한다. 이런 광경을 본 적 있다면, 자신의 '제국주의 오믈렛'을 완성하는 데 희생시킨 '깨진 달걀'의 모습을 국민 눈앞에서 감춰놓는 무솔리니의 지혜를 인정할 수밖에 없다.

부상당한 이탈리아 군인들의 입가에서, 입 안에서, 목구멍 저 아래에서 들려 오는 한결같은 소리는 "맘마미아! 오 맘마미아!"라는 외침이다. 그 자리에 어머니가 있었다면 고통에 몸부림치며 어머니를 부르짖는 이 외침에 분명 응답했으리라. 하지만 이런 소리가 어디에나 울려 퍼지게 놔두면 군대의 기강이 바로 설 수 없다. 그렇게 보면 부상당한 군인들의 외침이 밖으로 새어나갈 일 없게 대처한 무솔리니는 박수를 받아야 할지도 모른다.

이탈리아 군인들은 프로파간다에 너무 쉽게 넘어가 '일 두체'를 위해서라면 기꺼이 목숨을 바치겠다고 맹세한다. 겁 많은 양으로 백 세까지 사느니 사자처럼 용맹하게 하루를 살겠다고 다짐하며 전장으로 향한다. 전장에서 총상을 입으면 숭고한 사명을 떠올리며 이렇게 외친다. "두체! 저는 당신에게 목숨을 바칠 수 있어 행복합니다! 오 두체!" 주로 엉덩이나 허벅지, 종아리 언저리처럼 상대적으로 덜 고통스러운 부위에 총상을 입었을 경우에 그렇다는 말이다.

총알이 배를 뚫거나 뼈와 신경을 관통하면 반응은 달라진다. 두체에 대한 생각 따위는 없다. "오 맘마미아"만을 부르짖을 뿐이다. 말라리아나 급성 장염에 걸리는 경우에는 더욱 그렇다. 애국의 열정이 머릿속에 자리 잡을 여유가 없다. 급소를 걷어차인 것만큼 고통스럽다는 황달병에 걸린다면? 애국의 열정을 불태우는 건 불가능에 가깝다.

무솔리니가 자국 언론과 국민들을 상대로 아주 노련하게 숨기고 있는 전쟁의 단면이 하나 있다. 아프리카 전장에서 날고 있는 새들의 역할에 관한 이야기다.

이탈리아군이 전쟁을 치르고 있는 에티오피아 전역에는 부상자나 사망자의 인육을 먹이로 삼는 새들이 다섯 종류 존재한다. 지면 가까이 날아다니는 흰가슴까마귀는 후각으로 부상자나 시체의 냄새를 맡는 것 같다. 보통의 독수리도 땅과 가까운 높이에서 시각과 후각을 이용해 사냥에 나선다. 몸집이 작은 독수리 한 종은 얼굴 깃털이 빨간 칠면조독수리와 생김새가 비슷하다. 이 녀석들은 꽤 높이 날면서 사냥한다. 또 어떤 독수리 종은 거대한 몸집에 무서운 얼굴과 깃털 없이 벗겨진 목을 가졌는데, 거의 보이지 않을 만큼 높은 하늘에서 빙빙 날아다닌다. 그러다 쓰러진 군인이 눈에 띄면 쉬익 하는 굉음과 함께 포탄이 떨어지듯 하강한다. 상처를 입은 채 숨이 아직 붙어 있는 인간이든 이미 사망한 군인의 시체이든 반항하지 못하는 상태라면 가리지 않고 다가와 쪼아대기 시작한다. 크고 못생긴 아프리카대머리황새도 있다. 이놈들은 보통 아주 높은 곳에서 순찰을 돌다가 독수리들이 하강하기 시작하면 즉각 그 뒤를 따라 내려온다. 에티오피아 전장에는 이렇게 다섯 종류의 새가 있다. 종류로만 보면 다섯이지만, 부상을 입고 쓰러진 군인 한 명에게 모여드는 새들은 족히 5백 마리를 넘는다.

　죽은 군인의 시체에 어떤 일이 벌어지는가는 중요하지 않을 수 있다. 문제는 아프리카의 새들이 이 먹잇감이 죽은 상태인지 아닌지 신경을 쓰지 않는다는 점이다. 새들은 시체에 모여드는 것만큼이나 빠른 속도로 아직 목숨이 붙어 있는 부상 군인을 에워싼다. 새들이 뼈만 남기고 얼룩

말을 모조리 먹어 치운 다음, 둥그렇게 깃털 흔적만 남기고 떠난 광경을 본 적도 있다. 얼룩말의 배 아래에는 이미 상처가 나 있어서 속살을 헤집을 수 있었고, 살점을 모두 뜯어 먹는 데 채 20분도 걸리지 않았다. 그날 밤 몰려든 하이에나들은 남은 뼈를 씹어 먹었다. 동틀 녘이 되자 얼룩말의 흔적은 말끔히 사라졌다. 기름기 잔뜩 묻은 검은 깃털만 어수선하게 널려 있었다. 인간의 시체는 동물보다 더 작고 얇은 가죽으로 덮여 있으니 처리하기가 훨씬 수월할 것이다. 적어도 아프리카에서는 위생을 따지며 죽은 사람을 굳이 매장할 이유가 없는 셈이다.

　무솔리니가 감춰야 하는 건 죽은 군인의 살점이 독수리 뱃속으로 들어간다는 사실이 아니다. 그가 진짜로 신경써 감출 부분은 부상당해 쓰러진 군인을 독수리와 아프리카대머리황새가 어떻게 처리하는지다. 이탈리아 군인에게 제일 먼저 말해줘야 하는 수칙은 총에 맞아 움직일 수 없는 경우 잽싸게 얼굴을 땅에 대고 엎드리라는 것이다. 이 수칙을 미처 배우지 못한 어느 군인 하나가 지금까지 살아남아 전하는 이야기는 이렇다.

　지난 전쟁 당시 독일이 점령한 동아프리카 지역에서 벌어진 일이다. 그는 부상을 입고 의식을 잃었는데, 쓰러져 있는 동안 독수리들이 그의 눈알을 파먹기 시작했다. 찌르는 듯한 고통과 함께 온몸을 뒤덮은 깃털들이 연신 푸드덕

거리는 게 느껴졌다. 그 바람에 정신을 차렸고, 재빨리 몸을 뒤집었다. 덕분에 한쪽 눈은 지킬 수 있었다. 이번에는 독수리들이 그의 콩팥을 쪼아먹기 위해 군복을 찢기 시작했다. 들것과 함께 도착한 의료진이 독수리들을 쫓아낼 때까지 그 끔찍한 일은 계속 이어졌다.

당신이 나무둥치 어딘가에 꼼짝 않고 누워 있다고 치자. 작은 점으로 착각할 만큼 하늘 높이 날던 독수리들이 큰 원을 그리며 점차 거리를 좁혀온다. 이내 공기를 가르는 날개 소리와 함께 급강하해서 당신에게 날아든다. 몸을 벌떡 일으켜 세우면 독수리 무리도 날개를 퍼덕이며 뒤로 물러설 것이다. 하지만 몸을 일으킬 힘이 남아있지 않다면?

에티오피아군은 아직 전면전에 나서지 않았다. 이탈리아군이 진격하도록 내버려둔 채 후퇴를 거듭하고 있다. 에티오피아는 예전부터 강력한 족장 중심의 지역별 경쟁 체제를 갖추고 있다. 따라서 이탈리아군은 통치에 야심이 있거나 기득권 세력과 마찰이 있던 족장 일부를 매수할 수 있었다. 본국으로 전해지는 전보 대부분은 이탈리아군이 큰 어려움 없이 에티오피아를 장악하고 있음을 알리고 있다. 하지만 이탈리아는 치고받는 전투를 통해 승리를 거둘 필요가 있다. 전투를 치러야 에티오피아를 자국 보호령으로 만들 구실이 생기고, 세계열강에 식민지 승인을 요구할 수 있기 때문이다.

이 글을 쓰고 있는 시점까지도 에티오피아군은 전면 전을 피하고 있다. 이탈리아군이 전선을 확장하면서 통신 선도 그만큼 길어지고 있는 실정이다. 이탈리아의 군대 유 지 비용이 하루에 몇 백만 리라씩 늘어나고 있는지 가늠하 기 힘들다. 부상당한 군인들은 매일 배로 실려 나가고 있 다. 에티오피아가 충분한 지점까지 후퇴한 후 이탈리아 통 신선을 상대로 게릴라전을 펼친다면 전면전 한 번 겪지 않 고 이탈리아를 무찌를 수도 있다. 반대로 에티오피아군이 자존심만 앞세우거나 너무 자만한 나머지 게릴라전이 아니 라 대대적인 전면전에 사활을 걸 가능성도 있다. 승리 가능 성이 전혀 없는 것은 아니나 지금으로서는 패할 게 뻔한 전 략이다.

모로코의 리피안[68]이 구사했던 전략처럼 적 전투기를 격추해 이탈리아의 가장 큰 공격 자산을 무력화시키는 방 법도 있다. 폭격기는 기본적으로 인구 밀집 지역을 노려야 하고, 전투기의 기관총은 군부대가 모여 있는 곳에서만 효 과를 볼 수 있다. 따라서 게릴라식으로 흩어져 있는 에티오

---

68 모로코의 리프 산악 지대 거주 민족을 일컫는 말. 이들은 1920년대 스페인 식민지화에 맞서 리프 전쟁(또는 '2차 모로코 전쟁')을 치렀으며 소규모 군 대로 게릴라 전술을 펼쳤다.

피아 군대는 오히려 전투기에게 더 위협적인 존재가 될 수 있다. 에티오피아군이 다음 장마철까지 버틸 수 있다면 이탈리아군의 탱크와 차량은 무용지물이 될 것이다. 실제 이런 상황이 올 경우 이탈리아가 장마철이 끝날 때까지 전쟁 자금을 댈 수 있을지는 미지수다. 에티오피아군은 에티오피아에 사는 에티오피아인이라는 점을 기억하자. 한 끼로 하루를 버티는 사람들이다. 한정 없는 자금을 들여 고향의 음식을 이송, 배급해야 하는 이탈리아군과 사정이 다르다. 이런 상황이니 전면전에서 단 한 번이라도 승리를 거두면 이탈리아 입장에서는 재빨리 평화 협약을 맺으려 나설 수밖에 없다.

무솔리니의 장군들은 소말리아와 다나킬[69] 출신 용병을 데려와 이탈리아군 최전방에 배치하는 묘수를 두었다. 유럽 출신의 보병들이 아프리카에서 제 몫을 다하지 못할 것이라는 현명한 불신, 적도의 뜨거운 태양 아래에서 승리하려면 역시 아프리카 흑인 용병이 필요하다는 깨달음이 만든 신의 한 수인 셈이다. 이탈리아군이 지금까지 꾸준하

---

69 에티오피아 동북쪽과 에리트리아 남쪽에 맞닿아 있는 지역. 소말리아와 다나킬 지역은 에티오피아 전쟁 이전에 이탈리아에 점령당해 식민지로 편입됐다.

게 진격할 수 있었던 데에는 이 흑인 용병들의 활약이 컸다. 하지만 이탈리아군이 전선을 충분히 확대하고 나면 대대적인 전면전을 준비해야 할 때가 온다. 그때만큼은 아스카리[70]가 아닌 이탈리아인 군대를 투입해야 할 것이다. 아스카리는 대규모 전투 대비용 훈련을 받지 못했기 때문이다. 이탈리아는 내심 이런 상황이 오지 않기를 바라고 있지만, 반대로 에티오피아군은 이탈리아인으로 구성된 군대 투입을 기다리고 있다. 이미 한 번 이탈리아인 군대를 물리친 적이 있으니 다음에도 승산이 있다는 것이다. 이탈리아는 지지 않는 전쟁 시나리오를 쓰기 위해 흑인 용병과 탱크, 기관총, 신식 포대와 전투기를 동원하고 있다. 에티오피아는 1896년 아두와 전투에서 그랬듯 이탈리아군이 제 발로 덫에 걸려들길 바라고 있다. 후퇴를 거듭하고 시간을 끌면서 이탈리아군이 계속 전선을 확장하기만을 기대하고 있다. 동원할 수 있는 아스카리가 바닥나고, 돈으로 매수한 족장들과의 믿을 수 없는 동맹 관계에 의존한 채 이탈리아의 전쟁 자금이 소진될 날을 손꼽아 기다리고 있는 것이다.

예상컨대 이탈리아는 이번에 자신들이 패전할 경우 '볼셰비즘의 파도가 몰아칠 것'이라며 다른 열강들을 협박

---

70 유럽 열강의 아프리카 점령지 현지인으로 구성된 흑인 용병.

할 것이다. 국제 사회가 이탈리아에 대한 비난과 제재를 멈출 수 있게 밀실 협약을 이끌어내려는 속셈이다. 소위 민주주의 정부를 이뤘다는 국제 사회의 일원들은 자신들도 제국주의 식민지 점령에 가담했으면서 다른 나라의 독재자가 제국주의 야욕을 실행하려고 하면 연합해서 반대하기도 한다. 그러고는 그 독재자가 볼셰비즘이 몰아치는 꼴을 보고 싶지 않으면 내가 계속 권력과 돈을 유지할 수 있게 협력하라는 소리를 지껄일 때 여기에 맞장구치는 모습을 보인다. 영국 〈로더미어 프레스〉[71]가 '이탈리아를 사회주의 물결에서 구해낸 영웅'으로 무솔리니를 추켜세웠듯이 말이다.

이탈리아가 볼셰비즘에 물들지 않은 이유는 사실 다른 데 있다. 토리노 산업 단지 점거에 성공한 노동자들이 다른 급진주의자들과 협력하는 데 실패해 고립됐기 때문이고, 이들이 점거한 철강 산업 시설이 전쟁 이후 예견된 대로 파산의 문턱에 서 있었기 때문이다.[72] 이탈리아의 급진

---

71 현 〈데일리 메일〉의 전신. 소유주 해롤드 함스워스는 '블랙 셔츠에게 환호를'이라는 사설 등에서 무솔리니가 사회주의 혁명을 타도했다며 찬양했다.

72 제1차 세계대전 후 이탈리아에서는 노동자의 권익 향상을 주장하는 사회주의가 거셌다. 토리노, 피드몬트 등 이탈리아 북부 철강 산업 지역에서는 노동조합이 직접 공장을 운영하려는 움직임이 등장했다. 공장 시설 점거 등에 최대 50만 명의 노동자를 동원했으나 결국 실패한 이 혁명을 가리켜 '붉은 2년'이라고 부른다.

주의자들은 상호간 협력에 실패하고 카포레토 전투 대패라는 정치적 자산을 현명하게 활용하지 못했다. 그리고 현대 역사상 가장 뛰어난 기회주의자인 무솔리니는 이들의 실패에 뒤따른 증오와 불신 여론을 이끌며 집권할 수 있었다.

예전부터 이탈리아에서 군복 입은 장교들이 거리를 지나면 남녀노소 몰려나와 가정집 창문에서, 와인 상점 앞에서, 대장간 앞에서, 구두수선소 앞에서 "군인들은 물러가라"고 외치는 모습을 흔히 볼 수 있었다. 득 될 것 하나 없는 무의미한 전장으로 청년들을 보내놓고 풀어주지 않는 장본인, 사람들의 눈에는 군 장교가 그렇게 보였다. 군 장교들은 노동자 대중의 거센 증오를 억울해하면서 받아들였다. 한번 전쟁을 시작한 이상 이길 때까지 싸워야 끝난다고 믿었기 때문이다. 군 장교들도 대부분 전쟁을 증오하기는 마찬가지였다. 전쟁터에서 벌어지는 독재 행위나 부조리, 살인과 잔혹성 그리고 영혼의 타락을 하나하나 혐오할 수는 없었다. 전쟁이라는 건 사실 이 모든 부정적인 요소를 합친 것보다 더 크고 거대한 하나의 악惡으로 거듭나는, 통제 불가능한 것이었다.

전쟁이 지속되길 바라는 유일한 사람들은 폭리를 취한 모리배들, 군 사령관과 그 위의 참모들, 그리고 창녀들이었다. 그들에게 전쟁은 인생 최고의 시간이었다. 생전 만져보지 못한 돈을 벌 수 있는 기회였다. 물론 예외도 있다.

전쟁을 혐오하는 사령관도 있고, 지난 전쟁의 수혜를 입지 못한 창녀들도 있다. 하지만 이렇게 훌륭하고 아량 있는 사람들은 극히 예외일 뿐이다.

이탈리아에는 지난 전쟁을 기억하는 이들이 꽤 많다. 강제 교육받은 내용이 아니라 실제 있었던 일 그대로 말이다.[73] 이들 대부분은 입을 열었다는 이유로 폭행당하거나 살해당했다. 일부는 에올리에 제도에 있는 리파리 감옥으로 보내지거나 나라 밖으로 추방당했다. 독재자의 나라에서 좋은 기억력을 갖고 있다는 건 참 위험한 일이다. 그날그날 들리는 희소식에만 귀 기울이며 사는 방법을 배워야 한다.

독재자가 언론을 손에 넣은 나라의 신문은 매일 희소식으로 가득하다. 독재의 기운이 느껴지는 미국에서도 그렇듯이 신문은 언제나 우리의 현실이 얼마나 아름다운지, 정부의 위업 덕분에 오늘날 우리가 얼마나 훌륭한 성과를 거두었는지 빼곡하게 보도한다. 이전 정부의 성과는 지금에 비해 보잘것없다는 평가가 이어진다.

독재자의 집권은 강압으로만 유지할 수 있다. 지금의

---

73 무솔리니는 집권 후 대대적인 교육 제도 개편을 통해 이념 교육에 나섰다. 그 일환으로 국정 역사교과서를 도입하기도 했다.

독재자나 잠재 독재자는 인기가 떨어지는 상황을 잠시도 견디지 못한다. 잠깐이라도 인기가 떨어지면 무력을 사용해야 권위를 유지할 수 있는 상황에 몰린다. 능력 있는 독재자는 그래서 총 대신 곤봉을 휘두른다. 신문을 자신의 위업으로 도배하는 전략을 쓴다. 능력 없는 독재자는 반항을 두려워한 나머지 너무 많은 이들에게 총을 겨눈다. 그 결과 휘하의 군대나 경찰 누군가가 반란을 일으켜 금세 쫓겨나고 만다. 다수에게 총부리를 겨누는 독재자는 얼마 가지 않아 먼저 살해당하기 마련이다. 집권 중에라도 말이다. 하지만 거듭 강조한다. 이 글은 독재자를 논하기 위한 것이 아니다. 아프리카 대륙 전장에서 관찰할 수 있는 새에 관한 이야기일 뿐이다.

과거에 있었던 전쟁의 진실을 이제 막 징집된 청년들에게 알려준다 한들 별 도움이 되지는 않을 것이다. 이들은 초겨울이면 야트막한 산정상에 눈이 쌓이는 산골 마을 아브룻치에서 온 청년들이다. 밀라노나 볼로냐 혹은 피렌체의 차량 정비소나 기계 공작소에서 일하던 청년들이다. 뿌연 모래 먼지를 일으키며 롬바르디 거리에서 오토바이 경주를 하곤 했던 청년들이다. 스페치아나 토리노에서 공장 동료들과 축구공을 차던 청년들이고, 돌로미테스의 높은 산등성이에서 잔디를 깎아 놓고 겨울이 되면 스키 타러 오는 이들을 안내하던 청년들이다. 이들은 피옴비노산 속에서 숯을 굽거나 비첸자에 있는 동네 음식점에서 빗자루질을 하던 청년들이다. 한때 북미나 남미 어딘가를 여행한 적이 있다며 자랑하는 그런 청년들이다. 이제 이 청년들은 숨막히는 열기가 뿜어져 나오고 도망칠 그늘 한 점 없는 땅 위에 설 것이다. 치료받아도 낫지 않는 질병에 시달리고, 뼈마디마다 통증이 전해지는 병으로 신음할 것이다. 병마와 싸우는 동안 이들은 삽시간에 노인처럼 사그라들고, 내장은 죽처럼 녹아내릴 것이다. 이윽고 전장에 서는 날, 청년들은 자신을 향해 날아드는 독수리 날개가 공기를 가르는 소리를 듣게 될 것이다. 총을 맞고 쓰러지는 그날, 몸을 돌려 엎드린 다음 땅에 입을 대고 "맘마미아"를 되뇌라고 누군가가 가르쳐주었기를 바랄 뿐이다.

무솔리니의 아들들은 공중에서 전투를 한다. 거기엔 머리 위에서 총을 겨누는 적군이 없다. 하지만 가난한 이탈리아의 아들들은 땅에서 싸우는 보병이다. 전 세계 가난한 이들의 아들은 언제나 보병인 것처럼 말이다. 이들에게 행운이 있기를. 그리고 언젠가 자신의 진짜 적이 누구인지, 왜 그러한지 깨닫게 되기를.

전쟁 보도에서
기자의 윤리 기준은 무엇인가[74]

Fresh Air on an Inside Story

×

Ken 1938. 9. 22.

그 사람을 만난 건 작년 4월 마드리드에 있는 플로리다 호
텔이었다. 늦은 오후에 그와 마주쳤는데 그는 바로 전날 밤
발렌시아에서 왔다고 했다. 그는 마드리드에 도착한 후 종
일 호텔 방에서 기사를 썼다고 했다. 키가 훤칠한 그는 반
짝이는 눈빛에 몇 가닥 남은 금발 머리카락을 빈 정수리 위

---

74 여느 독재자와 마찬가지로 프랑코는 문학과 언론 검열에 적극적이었다. 내
전을 보도하던 해외 통신원도 검열을 피할 수 없었다. 프랑코 정부의 검열에
관해 이야기한 이 글은 1969년 스페인에서 발간된 헤밍웨이 기사 모음집에
실렸지만 검열을 통해 삭제된다.

로 꼼꼼하게 발라 붙인 모습이었다.

"마드리드는 어때 보이나요?" 그에게 물었다.

"도시가 공포에 빠져 있는 것 같네요." 기자가 답했다. "곳곳에서 증거가 눈에 띄어요. 시체가 수천 구씩 발견되니까요."

"마드리드에 언제 도착하셨다고요?" 그에게 물었다.

"어젯밤이요."

"시체는 언제 보신 겁니까?"

"어디를 가든 볼 수 있지 않나요? 새벽녘에는 흔히 볼 수 있지요." 그가 말했다.

"오늘 새벽에 어디를 다녀오셨나요?"

"아니요."

"시체를 보셨어요?"

"아니요, 하지만 시체가 많다는 건 압니다."

"공포가 만연해 있다는 건 뭘로 확인하셨죠?"

"그거야 당연한 거 아닙니까, 부정하려야 부정할 수 없는 거죠." 그가 말했다.

"직접 확인하신 증거가 있으신지요?"

"제가 직접 볼 겨를이 없었을 뿐이지, 사람들이 공포에 질려있는 건 분명한 사실이죠."

"저기요, 기자님은 어젯밤에 도착하셨다고 했어요. 시내까지 나가보지도 않으셨고요. 지금까지 마드리드에 머물면서 취재해온 우리 같은 사람들에게 갑자기 도시에 공포가 만연해 있다고 말씀하시는 겁니까?" 내가 말했다.

"어디를 가나 분위기가 그렇다는 건 부정할 수 없는 사실 아닙니까. 어딜 가나 그런 증거가 보인다고요." 전문가께서 말을 이었다.

"조금 전에는 증거를 확인하지 못했다고 하지 않으셨나요?"

"어딜 가나 있다니까요." 그 대단하신 양반은 좀처럼 주장을 굽히지 않았다.

나는 그에게 현재 마드리드에는 나 같은 기자가 대여섯 명 머물며 취재를 이어가고 있고 우리의 임무는 마드리드에 공포가 몰려오면 그 사실을 취재하고 보도하는 것이라고 말해주었다. 또 내게는 세구리다드 소속 현지인 친구들이 있으며 모두 나와 오래 알고 지낸 믿음직한 정보원인데 당장 그 달에만 간첩 혐의로 세 명이 총살되었다는 사실도 알려주었다. 교수형 집행에 초대받은 적이 있지만, 나는 한동안 전선에 나가 있었고, 다음 교수형은 4주 후에나 볼 수 있었다.

내전 초기에는 소위 '무법 분자' 무리 때문에 사람들이 총에 맞아 죽는 일도 더러 있었다. 하지만 최근 몇 달째 마드리드는 평온하다. 어느 정도 치안이 유지되고 있으며 유럽의 다른 주요 도시들처럼 공포심을 찾아보기 힘들다.

이런 사실들을 알려주며 나는 그에게 총에 맞거나 끌려간 사람들은 결국 시체 안치소로 가게 되어 있으니 우리 기자들이 그랬듯 당신도 시체 안치소를 직접 확인하면 될 거라고 일러주었다.

"사실인 걸 알면서도 마드리드에 위기감이 감도는 걸 부정하려 드시네요." 그가 말했다.

그 기자가 소속된 신문사는 내가 아주 훌륭한 언론사로 여기며 존경하는 곳이었다. 나는 그의 얼굴을 한 대 후려치고 싶은 욕구를 억눌렀다. 이 정도 일로 사람을 때리면 공포가 만연해 있다는 증거나 보태는 꼴이 될 것 같았다. 게다가 우리가 이야기를 나누던 방 안에는 미국인 여성 기자도 있었고, 내가 기억하기로 그 기자 양반은 안경을 쓰고 있었다.

방에 함께 있던 미국인 여성 기자는 곧 스페인을 떠나 미국으로 귀환할 예정이었다. 나중에 알게 된 사실이지만, 그 기자 양반은 그날 미국 기자에게 잘 봉해진 종이봉투 하나를 건넸다. 출국할 때 갖고 나가달라며 운반을 부탁한 것이다. 전쟁 중에 다른 사람을 시켜 봉인된 종이봉투를 반출하는 건 분명히 잘못된 일이다. 하지만 고집 센 기자 양반은 봉투 안에 들은 건 그가 테루엘에서 이미 검열받아 송출한 기사의 복사본이라고 말하며 미국 기자를 안심시켰다. 본국에 있는 사무실에서 제때 기사를 받아보지 못할까 봐사본을 보내는 것이라는 설명이었다.

이튿날 그녀가 내게 그 봉투 이야기를 꺼냈다. 자신이 갖고 나갈 예정이라고 했다.

"설마 봉투가 봉인되어 있진 않겠죠?" 내가 물었다.

"맞는데요."

"제가 어차피 검열국에 들러야 하니 같이 들고 가볼게요. 그럼 번거로울 일도 없을 테니까요."

"설마 문제될 만한 게 있을까요? 이미 검열받아 내보낸 기사의 복사본이라고 하던데요."

"내용물을 보여주던가요?"

"아니요, 말로만 설명해줬어요."

"대머리 위에 머리카락을 발라 붙이는 인간들이 하는 말은 믿을 게 못 됩니다." 내가 말했다.

"나치 쪽에서 그 사람 목에 현상금 2만 파운드를 걸었다고 하던데요. 그런 사람이면 제대로 된 사람일 거예요." 여기자가 말했다.

과연 그럴까? 검열국에서 확인한 편지 내용은 테루엘발 기사의 복사본이라는 설명과 사뭇 달랐다. '마드리드는 공포에 빠져 있다. 수천 구의 시체가 발견되었다.' 화려한 거짓말투성이었다. 마드리드에서 활동하는 정직한 언론인 모두를 거짓말쟁이로 매도하는 내용이었다.

그 기자 양반은 도착한 첫날, 호텔 방에서 한 발짝도

나가지 않고 기사를 써냈다. 더 끔찍한 사실은 미국 기자가 출국하는 과정에서 이 기사가 발견됐다면 그녀가 스파이 혐의로 총살당했을 수도 있다는 것이다. 그 기자 양반은 그게 허위 기사인 줄 알면서도 자신을 믿는 사람에게 대리 운반을 시킨 것이다.

그날 밤 그란비아 레스토랑에는 성실하고 정치 논리에 휘둘리지 않으며 곧은 신념을 가진 동료 특파원들이 모여 있었다. 나는 그들에게 이 이야기를 들려줬다. 마드리드에 머물면서 매일같이 목숨을 걸고 취재하는 특파원들이었다. 스페인 정부가 상황 통제에 나서면서 마드리드 시내를 떠돌던 공포가 사라졌다고 말해온 이들이었다.

특파원들은 속상하다는 반응이었다. 이 외부인은 마드리드에 휙 와서는 자신들 모두를 거짓말쟁이로 만들고, 그것도 모자라 사람들 사이에 꽤 인기 있던 미국인 여기자에게 허위 기사 반출을 맡김으로써 간첩 혐의를 받도록 조장했다.

"한번 가서 물어봅시다. 진짜 나치들이 그 인간 목에 2만 파운드 현상금을 걸었는지." 누군가 말했다. "누가 나서서 그 인간을 신고해야 돼요. 한 짓이 있으니 총살당하겠죠. 그 목을 어디로 보내야 되는지 알아야 드라이아이스랑 같이 넣어 보낼 것 아닙니까."

"그다지 보기 좋은 면상은 아니지만 제가 기꺼이 배낭

에 넣어 운반하죠. 2만 파운드라니, 1929년 이래로 그만한 돈은 본 적도 없네요." 내가 말했다.

"제가 물어보죠." 꽤 이름난 시카고 출신의 기자가 자원했다. 시카고 출신 기자는 그 외부인이 앉아 있는 테이블로 가서 아주 조용한 목소리로 몇 마디 건네더니 자리로 돌아왔다.

우리는 모두 그 외부인의 얼굴을 지켜봤다. 수산 시장이 문을 닫기 직전인 오전 11시까지 팔리지 않은 가자미 배때기처럼 그의 얼굴은 하얗디하얀 색으로 변해 있었다.

"자기 목에 걸린 현상금은 없다네요." 시카고 기자가 살짝 리듬감 있는 목소리로 말했다. "그건 그냥 자기 편집국장이 만들어낸 이야기래요."

어느 기자 하나가 단독으로 마드리드에 공포심을 촉발할 뻔한 사건의 전말은 여기까지다.

진실을 보도하려는 신문 기자가 검열에 부딪혀 국외로 추방될 가능성을 무릅쓰고 송출 시도를 할 순 있다. 검열의 손이 미치지 않는 나라에서 자유롭게 기사를 쓰는 방법도 있다. 하지만 그 기자는 마드리드에 점만 찍고 가면서 모든 위험 부담을 남에게 넘긴 채 용감한 진실 폭로자라는 공로를 채가려 했다. 놀라운 사실은 당시 마드리드에서 공포감 따위는 찾아볼 수 없다는 것이었다. 그 기자에게는 너무 따분한 현실이었으리라.

그 기자가 일하는 신문사에서 이 사건을 흥미롭게 여길지도 모르겠다. 아이러니하게도 그 신문사는 오랫동안 진실을 추구한다고 외쳐온 곳이니 말이다.

당신을 위한
누군가의 죽음

Dying, Well or Badly

×

Ken 1938. 4. 21.

우리의 죽은 동료들은 스페인 공화국을 지지하며 전투에 나선
선하고 성실한 스페인 국민과 농민들, 노동자들의 가슴과 마음 속
에 살고 있습니다. …… 그들은 이제 땅과 한 몸이 되었고, 땅은
누구에게도 정복되지 않습니다. 대지는 영원합니다. 스페인의 대
지는 폭압을 견디고 살아남을 것입니다.

– 찬가 〈스페인 땅에서 죽은 미국인을 위하여〉[75]중에서

스페인 땅의 전쟁은 낮과 밤을 가리지 않고 1년 반째 현재
진행형이다. 미국에 계신 여러분은 이제 전쟁이라면 지긋

지긋할 것이다. '전쟁'이라는 단어조차 의미를 잃은 지 오
래다. 더 이상 공포심을 자아내지 못하는 단어다. 모두에게
너무 익숙하니까. 경제 여건이 나아지지 않으면 전쟁이 다
시 시작될 거라는 소문도 들려온다. 믿는 사람은 아무도 없
지만 말이다.

　　자, 다음 내용을 읽기 전에 다음 페이지에 실린 두 명
의 이탈리아군 전사자의 사진을 보자. 아주 잘 나온 사진
아닌가?

75　스페인 내전에 참가한 국제여단 중에는 미국인으로 구성된 '링컨 대대'가 있
　　었다. 이 글은 1939년 2월 링컨 대대 참전 용사 행사에 헤밍웨이가 보낸 축
　　사다.

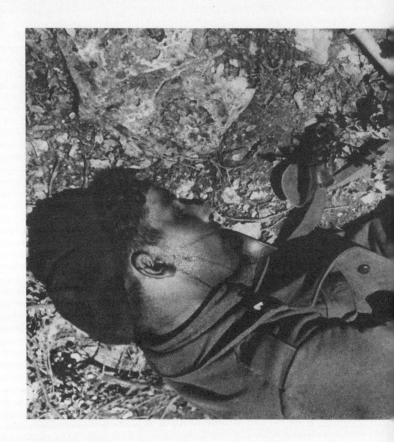

이 어린 청년은
머리에 총알이 관통했다.[76]

76 여기 실린 전사자들의 사진은 모두 헤밍웨이가 직접 촬영한 것이다.

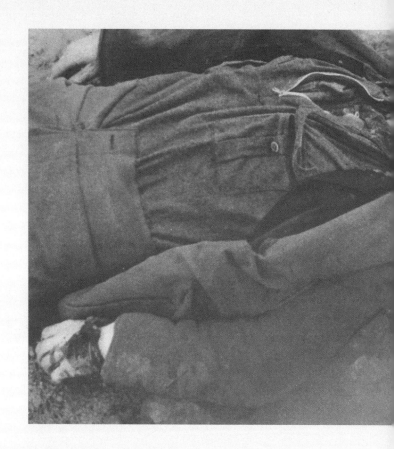

손에 총을 맞은 이 남자는
상처를 붕대로 감쌌다.
하지만 결국 가슴에 총을 맞고 사망했다.

이 남자는 양쪽 다리와 가슴에 총알이 관통했다.
이런 총상에는 그다지 이상할 것도 특이할 것도 없다.
이곳에서는 지난 한 해 동안
이런 식으로 죽은 지인을 흔히 볼 수 있었다.
하지만 다음 세 장의 사진을 보자.
이들 역시 스페인 땅에 싸우러 온 이탈리아 군인들이다.
하지만 상대적으로 운이 좋지 못했다.

이 남자는 고성능 폭탄에 맞았다.
다리 끝에 발이 없다.

이 남자는 자동 소총을 맡고 있었는데,
탱크 포탄이 그의 옆에 있던
작은 돌무더기 위에 떨어져 주변을 초토화시켰다.
남자의 곁에서 소총 발사를 돕던 또 다른 군인도
포탄이 떨어진 지점 조금 왼편에서 죽음을 맞았다.
사진에서 그의 모습은 보이지 않지만
그나마 괜찮은 모양새였다. 딱히 놀라울 것 없는 모습이랄까.
그저 아주, 확실히, 죽어 있는 모습이었다.

71

이 남자는 지상을 향해 기관총을 난사하던
전투기에서 떨어뜨린 조명 포탄에 맞았다.
전쟁터에 익숙하지 않은 독자에게는
이 모습이 꽤 충격적일지도 모른다.
친하게 지내던 지인들이 이 남자만큼
혹은 더 엉망이 된 모습을 나는 익히 봐왔지만 말이다.

사실 이 남자에 대한 기억은 아주 선명하다. 신분증을 찾아보려고 그의 몸을 뒤집어보았고, 이내 발견한 서류 뭉치 사이에 그의 아내가 보낸 편지가 있었기 때문이다. 중간에 잃어버리기 전까지 그 편지는 내가 지니고 있었다. 편지에는 고향 마을의 상황이 얼마나 열악한지, 봉급이 들어와서 얼마나 감사한지, 하지만 그가 곁에 없어 매일 밤 눈물을 흘린다는 내용이 적혀 있었다. 그의 아내는 매일 남편의 안전을 빌며 기도한다고 했다. 아내는 너무나 완벽한 남편을 보내주신 성 요셉에게 늘 감사해한다고 적어 놓았다.

방금 본 사진의 모습들이 바로 파시스트의 침략 전쟁에 끌려가 죽음을 맞이하는 이들에게 일어나는 일이다. 공화정부를 갖추었던 민주주의 국가 스페인에서 말이다.

무어인, 이탈리아인, 독일인에 대항해 스페인을 지키려는 이들의 죽음도 별반 다르지 않다. 침략을 막으려는 사람들 역시 침략자들만큼이나 추하고 기괴한 모습으로 죽음을 맞는다. 하지만 최소한 이들은 자신이 죽는 이유를 알고 있다. 목숨을 걸고 싸우는 이유는 바로 당신 때문이다. 자신들이 파시스트 침략자를 물리치지 않으면 언젠가 당신이 파시스트를 상대해야 한다는 사실을 알기 때문이다. 이들 대부분은 스페인 땅에서 죽기 위해 아주 먼 곳에서부터 모여들었다. 지상전에서 죽음을 맞은 이들 중에서 하루에 50센트 넘는 돈을 받아본 이는 하나도 없다. 이 국제여단의 군인들은 용병도 탐험가도 아니다. 그저 논리적으로 사고할 줄 아는 이들일 뿐이다. 누구도 이들을 억지로 전쟁터에 보내지 않았다. 이들은 파시즘과 싸우겠다는 목적으로 스페인 땅에 왔다. 외교관이라고 불리는 이들이 깨닫기 이미 한참 전부터 파시즘의 위력을 알았기 때문이다.

이 글이 읽힐 때쯤이면 이탈리아군이 공격을 재개했을 것이다. 지난 3개월간 자원 부대를 철수시킬 것인가에 대한 논의가 이어졌다. 그동안 이탈리아는 스페인 땅에 5만 병력을 추가로 배치했다. 포병 여단 셋도 추가로 투입했다. 독일은 이탈리아 뒤에 몸을 숨기고 비밀리에 전투기 서너 대와 신식 포대, 탱크를 지원했다. 파시스트 국가들이 행동에 나서는 동안 민주주의 국가들이 한 일이라고는 말로만 떠들기, 입장 번복하기, 묵인하고 방조하기, 배신하기였다.

스페인의 합법 정부는 군사 반란과 파시스트 침공에 맞서기 위해 무기를 비축하고 수입하려 한다. 그런데 민주주의 국가들이 여기에 제동을 걸고 있다. 이러한 제재는 파시스트가 스페인을 집어삼키도록 용인하는 결과를 낳을 것이다. 민주주의 국가들은 그 결과로 다가올 운명의 심판을 달게 받아야 한다.

영국과 프랑스, 미국의 외교관 대부분은 파시스트다. 자국의 외무부와 국무부가 제대로 된 판단을 내리지 못하게 잘못된 정보를 흘리는 이들이다. 스페인 땅에서 파시스트를 몰아내야 할 필요성을 못 본 체한 명분으로 민주주의 국가들이 무엇을 들고나오는지는 중요치 않다. 민주주의 국가들은 자신들의 적과 싸우기 위해 스페인 정부가 무장에 나섰는데 여기에 훼방을 놓았다. 역사는 1936, 1937년에 벌어진 민주주의 국가들의 이런 행위를 가리켜 '범죄나 마찬가지인 어리석음'이라 부를 것이다.

지금도 낮과 밤을 가리지 않고 전쟁이 이어지고 있다. 스페인 공화정부는 파시스트가 최초로 시도하는 연합 공격에 대항하려 한다. 이는 세계의 문명을 지키기 위한 처절한 견제 공격이라 할 수 있다. 나폴레옹이 스페인 땅에서 그랬듯 이탈리아가 스페인에서 패배를 맛본다면 베를린-로마-도쿄로 이어지는 축은 다른 전쟁을 벌이기도 전에 일찌감치 무너질 가능성이 높다.

하지만 전쟁이 너무 오래 이어지면서 실제로 배를 곯지도, 전쟁터에 나가지도, 싸우다 죽지 않아도 되는 이들이 먼저 전쟁에 신물이 나버렸다. 이제 전쟁에 대한 그 어떤 얘기도 듣고 싶어 하지 않는다. 여기 실린 사진들이 이들에게 전쟁이 곧 당신들의 현실이라고 말해줄지도 모른다. 우리가 또 다른 전쟁의 시작을 묵인한다면 사진 속의 모습이 바로 당신의 모습이 될 것이기 때문이다.

전쟁 시대에
진실을 말하기[77]

Fascism Is a Lie

×

New Masses 1937. 6. 22.

글을 쓰는 사람의 고민은 변하지 않습니다. 작가 자신이 변할지언정 고민은 언제나 같습니다. 작가의 변치 않는 고민거리는 어떻게 진실만을 말할까, 무엇이 진실인지 깨달은 후에 이것을 어떻게 글에 녹여내어 독자의 삶 일부가 되게 만들 수 있을까 하는 것입니다.

77　이 글은 마르크스주의 잡지 〈뉴매시스〉에 실린 헤밍웨이의 연설문 전문이다. 스페인 내전이 한창이던 1937년 전미작가회의에서 최초로 발표됐다. 여기서 헤밍웨이는 진실을 감추려고 하는 파시스트 정권의 시도를 성토하고, 이에 맞서 진실을 전해야 할 작가의 사명을 강조했다.

사실 이보다 더 어려운 작업은 없습니다. 그렇게 어렵기 때문에 언제가 되든 보상이 주어질 때 보상의 정도가 대체로 상당합니다. 보상이 즉각 주어지는 경우 작가를 파멸의 길로 이끌기도 합니다. 반대로 보상이 너무 늦게 주어지면 작가의 마음에 한이 맺혀 있기도 합니다. 때로는 보상이라는 게 작가가 죽은 다음에 찾아와 작가에게 별 영향을 미치지 못하기도 합니다. 정말 글을 잘 쓰는 작가들은 언젠가 분명히 자신의 노력에 대한 보상이 따라올 것을 확신합니다. 진실되고 오래가는 글을 쓴다는 게 얼마나 어려운지 잘 알고 있으니까요. 세간에 알려지지 않은 천재가 존재할 거라는 생각은 낭만파 머릿속에서나 가능한 이야기입니다.

정말 뛰어난 작가는 현존하는 거의 모든 정부 체제에서 그 노력을 인정받을 수 있습니다. 유일하게 역량 있는 작가를 배출할 수 없는 정부 체제가 존재하긴 합니다. 바로 파시즘입니다. 파시즘은 깡패들이 만들어낸 허구일 뿐입니다. 파시즘 체제에서 거짓말을 거부하는 작가는 글을 쓰며 살아남을 수 없습니다.

파시즘은 그 자체가 허구라 총체적인 문학 검열을 시도하고 있습니다. 파시즘이 지나간 자리에 남겨질 역사는 피로 점철된 살인의 역사뿐입니다. 이 자리에 함께한 분들 중 여러 명이 지난 몇 달간 똑똑히 목격한 역사, 우리가 잘 알고 있는 살인의 역사입니다.

이 직업이 무엇을 의미하며 어떻게 글을 써야 하는지 깨달은 작가들은 점차 전쟁에 익숙해지게 됩니다. 작가로 살면서 깨닫게 되는 중요한 사실이지요. 너무나 전쟁에 익숙해진 자신을 발견하는 건 충격적인 일입니다.

최전방에서 하루하루를 보내다 보면 참호전이나 육지전, 공격, 역습 같은 것들을 목격하게 됩니다. 이때 군인들이 왜, 무엇을 위해 싸우는지 이해하고 전략적으로 전투에 임했다면 그 결과로 발생하는 부상자와 사망자를 인정할 수 있을 겁니다. 외세의 침략에 맞서 자국의 자유를 위해 싸운 이들이 당신의 친구일 때, 새로 사귄 친구일 수도 있고 오래된 친구일 수도 있는 그들이 알고 보니 처음엔 변변한 무기도 들지 못한 채 공격당하고 싸웠다는 걸 알게 될 때, 이윽고 세상에는 전쟁보다 더 나쁜 게 존재한다는 사실을 깨닫게 됩니다. 비겁함과 배신, 그리고 단순한 이기심이 바로 그것입니다.

마드리드에서 영국인 신문기자 한 명의 생명보험은 일주일에 57파운드, 그러니까 280달러 정도 듭니다. 주급 65달러짜리 미국인 특파원은 대부분 보험에 가입되지도 않습니다. 그런 우리는 지난달에 열아흐레 동안 살인을 목격했습니다. 독일 포병들이 매우 효율적으로 저지른 살인이었습니다.

앞서 저는 전쟁에 익숙해진다고 말했습니다. 전쟁에

익숙해지는 그 복잡한 과정이 어떻게 진행되는지 관심을 갖다 보면, 그리고 신변에 위협이 있는 상황에서 인간 행동이 보이는 문제점을 깊이 고민하다 보면 개인의 운명을 고민하는 건 형편없는 자기중심주의처럼 느껴집니다. 하지만 전쟁에는 익숙해질지언정 그 누구도 살인에 익숙해질 수는 없습니다. 우리가 지난 열아흐레 동안 포탄 세례를 받은 마드리드에서 목격한 건 대규모 살인이었습니다.

전체주의 국가인 파시스트는 전체주의적 전쟁 방식을 따릅니다. 전체주의적 전쟁을 한마디로 규정하면 상대에게 패할 때마다 무고한 민간인에게 복수하는 것입니다. 11월 중순 이후 파시스트는 파르케 델 오에스테 전투에서 패했고, 파르도에서 패했으며 카라반첼과 하라마, 브리우에가, 코르도바에서 패배를 맛봤습니다. 빌바오에서는 아직도 대치 상황이 이어집니다. 패전을 거듭할 때마다 그들은 명예라는 이름의 기괴한 무언가를 지킨다면서 민간인을 학살하고 있습니다.

요리스 이벤스의 영화[78]에서 학살 장면을 보셨을 테니 따로 설명하지는 않겠습니다. 그 광경을 묘사하기 시작하면 구역질이 날 수밖에 없으니까요. 증오심이 차오를지도

78　다큐멘터리 〈스페인의 대지(1937)〉.

모릅니다. 하지만 우리가 바라는 건 증오가 아닙니다. 우리는 파시즘의 범죄를 이성적으로 이해하고 파시즘을 논리적으로 반박할 방법을 원합니다. 이 모든 살인이 파시즘이라는 거대한 깡패의 짓임을 깨달아야 합니다. 이 깡패를 막을 방법은 딱 하나, 확실하게 제압하는 것입니다. 파시즘이라는 깡패는 현재 스페인 땅에서 고전하고 있습니다. 나폴레옹이 130년 전 같은 반도에서 마주했던 운명처럼 말입니다. 파시스트 국가들은 상황을 깨닫고 조급해하고 있습니다. 이탈리아는 자국 군대가 이탈리아 반도를 벗어나 싸우는 데는 적합하지 않다는 사실을 알고 있습니다. 아무리 물자가 충분하다 해도 새로 생긴 스페인의 연대처럼 될 수 없다는 걸 잘 알고 있습니다. 국제여단과 비교해도 적수가 되지 않는다는 사실 또한 분명합니다.

독일은 공격전 상황에서 이탈리아가 동맹국으로서 도움이 되지 않는다는 사실을 깨달았습니다. 어제 제가 읽은 내용에 따르면, 독일 국방장관 폰 블롬버그가 바돌리오 장군[79]이 펼친 군사 작전에 참관해 깊은 인상을 받았다고 합니다. 적군도 없이 베네치아 평원에서 군사 작전을 펼친 건

---

79 피에트로 바돌리오. 이탈리아의 군인이자 정치인. 무솔리니 정권에서 총리로 임명됐다.

그렇다 칩시다. 브리우에가와 트리후에하 평원에서 국제여단의 11연대와 12연대, 스페인 메라와 리스테라 출신으로 구성된 분대 캄페시노[80]에게 사단 셋이 격파당한 건 또 다른 이야기입니다.

알메리아를 폭격으로 휩쓸고, 이제까지 진 적 없던 말라가가 내부자의 배신으로 무너진 틈을 타 점령한 것도 그렇다 칩시다. 코르도바까지 진격하기도 전에 7천 병력을 잃고, 마드리드를 함락하려다 실패한 작전에서 3만 병력을 잃은 것도 다른 이야기로 칩시다. 게르니카를 폐허로 만든 것은 그렇다 쳐도, 빌바오를 수중에 넣지 못한 건 또 하나의 시사점을 가집니다.

너무 말이 길었습니다. 진실을 잘 녹여 글로 잘 전달하는 어려움, 그리고 이를 이루는 사람들에게 주어질 필연적인 보상에 관한 이야기로 시작했는데 말이죠.

좋든 싫든 우리가 사는 현재는 전쟁의 시대입니다. 전쟁 중에는 모든 보상이 유예되고 맙니다. 전쟁의 시기에 진실을 쓴다는 건 아주 위험한 일이기도 하고, 아주 위험한 상황이 되고서야 비로소 진실이 모습을 드러내기도 합니다. 미국 작가들 중에 누가 진실을 찾으려고 몸부림쳤는지

80　스페인어로 '농민'을 뜻함.

모르겠습니다만, 저는 개인적으로 링컨 대대[81] 소속의 많은 사람들을 알고 있습니다. 아쉽게도 작가는 아니지요. 주로 편지를 썼으니 '서신 작가'라고 해야 할 겁니다. 많은 영국 작가들이 진실을 찾기 위해 전장에 뛰어들었고, 프랑스와 네덜란드의 작가들도 전장을 향했습니다.

진실을 찾기 위해 전쟁터에 나간 이들은 대신 자신의 죽음을 발견하기도 합니다. 하지만 열두 명이 가서 두 명이 살아 돌아온다면, 이 두 사람이 발견한 진실은 참된 진실일 겁니다. 사람들이 역사라고 치는 짜깁기된 소문이 아니라는 얘깁니다. 진실을 찾기 위해 어느 정도로 위험을 감수할 가치가 있는지는 작가 스스로 결정할 일입니다. 안락을 생각한다면 그냥 정책 원칙에 관한 학구적 논의에 시간을 소비하는 게 좋을 겁니다. 자신의 신념을 내세우지만 정작 그 신념을 이루려는 행동은 보이지 않은 채 논쟁만 일삼는 이들이 있습니다. 그들의 세상에는 항상 분열과 쇠락이 있고, 화려하고 눈길을 끄는 정책 논리, 향수를 불러일으키는 과거의 지도자가 존재합니다. 그들은 아무 위험이 따르지 않는 자리만 약삭빠르게 골라 앉습니다. 타자기 위에서만 존재하고 만년필 끝에서만 표현되는 그런 자리입니다.

81　국제여단 중 미국인 의용군으로 꾸려진 부대의 명칭.

　　전쟁을 공부하려는 작가들이 전쟁터에 가려고 해도 당분간은 전쟁이 일어나지 않을 겁니다. 우리 앞에 놓인 건 공공연한 선전포고 없이 진행되는 전쟁입니다. 작가가 전쟁을 경험할 방법은 여럿 있습니다. 나중에 보상이 따라올 수도 있습니다. 하지만 작가의 양심이 보상에 영향을 받아서는 안 됩니다. 아주 오랫동안 보상이 없을 수도 있으니까요. 작가라면 보상을 크게 염두에 두면 안 됩니다. 랄프 폭스[82] 같은 작가라면 보상이 주어질 때쯤 그 자리에 없을 테니까요.

---

[82]　영국 출신의 소설가이자 기자. 국제여단 소속으로 스페인 내전에 참전했다가 1936년 12월 전사했다.

작가가 되고 싶다고 찾아온 청년에게

Monologue to the Maestro: A High Seas Letter

Esquire 1935. 10

1년 반쯤 전에 키웨스트에 있는 우리 집 문 앞에 한 청년이 나타났다. 청년은 미네소타 북부에서부터 지나가는 자동차를 얻어 타고 왔으며, 내게 글쓰기에 관해 몇 가지 묻고 싶은 게 있다고 했다. 그날은 내가 쿠바에서 돌아온 날인 데다 한 시간 후에 친한 친구 몇을 기차역에서 배웅해야 했고, 그사이에 편지도 몇 통 써야 하는 상황이었다.

　　청년의 방문에 우쭐한 마음이 반, 무슨 질문을 할까 불안한 마음 반으로 청년에게 다음 날 오후에 다시 와보라고 말했다. 키가 크고 성숙한 얼굴에 손발이 크고 고슴도치 머리 스타일을 한 청년이었다.

알고 보니 청년은 평생 작가가 꿈인 듯했다. 농장에서 나고 자란 청년은 고등학교를 졸업하고 미네소타 대학을 다녔으며 신문사에서 일하다 목공일, 농장 추수 일꾼, 일용직 노동자로 전전하며 미국을 두 번이나 횡단했다고 했다. 하지만 꿈은 늘 작가였고, 나름 쓸 만한 이야기 소재도 갖고 있었다. 말로 표현하는 능력이 허접해서 그렇지, 끄집어 낼 수만 있다면 빛날 무언가가 엿보였다고나 할까. 글쓰기에 대한 청년의 태도가 얼마나 진지했던지 그 정도 진지함이면 세상 그 어떤 장애물도 뛰어넘을 수 있을 것 같았다. 청년은 노스다코타에 직접 오두막집을 짓고 1년 동안 혼자 살면서 내내 글만 썼다고 했다. 쓴 글을 내게 보여주지는 않았지만 말이다. 너무 못 써서 그렇다나.

나는 처음에 청년이 겸손을 떤다고 생각했다. 〈미니애폴리스〉 신문에 실린 글 한 편을 보여주기 전까지는 말이다. 글은 정말 엉망이었다. 수많은 작가들도 처음에는 글을 잘 못 쓰지 않았나, 끔찍할 만큼 글쓰기를 진지하게 생각하는 청년이니 분명 뭔가 쓸 수 있을 거야, 애써 생각했다. 글쓰기에 절대적으로 필요한 두 가지 요소 중 하나가 바로 글쓰기에 대한 진솔한 열정 아니었던가. 물론 다른 하나는 재능이지만 말이다.

글쓰기 말고도 청년이 집착하는 게 하나 더 있었다. 청년은 바다에 나가고 싶어 했다. 결론만 말하자면, 우리는 청년에게 야간에 보트 경비하는 일을 맡겼다. 자연스럽게 청년의 숙박 문제를 해결해줬고, 하루 두어 시간 청소 일거리를 주면서 나머지 반나절은 글을 쓰도록 배려해줬다. 바다에 나가고 싶다는 소원을 풀어주기 위해 다음에는 쿠바행 배에 태워주겠다는 약속도 했다.

청년은 훌륭한 야간 경비원이었고 보트 청소와 글쓰기에도 열심이었다. 하지만 바다에 나가서는 그야말로 재앙이었다. 잽싸게 움직여야 할 때 느려터졌는가 하면 손과 발이 두 개씩 달린 게 아니라 발만 네 개 달린 듯했다. 청년은 흥분하면 긴장했고, 나아질 가망이 없어 보일 정도로 뱃멀미에 시달렸다. 또 남의 말대로 하지 않는 황소고집이 있었다. 그래도 시간만 충분히 주어지면 청년은 늘 자발적으로 열심히 일하려 했다.

우리가 청년을 '마에스트로'라고 부른 건 그가 바이올린을 켰기 때문인데, 나중에는 마이스Mice[83]라고 줄여 부르게 되었다. 센 바람이라도 한번 불면 배 위에서 얼마나 허둥대던지 내가 "마이스, 너는 어째 다른 건 잘하는 게 하나

---

83 아널드 새뮤얼슨은 스물두 살 되던 해에 헤밍웨이를 만나러 키웨스트에 갔다. 1년쯤 그곳에서 지내며 헤밍웨이와 낚시도 하고 글쓰기 조언도 받았다. 이후 소설도 쓰고 헤밍웨이와 보낸 시간을 담은 회고록을 남겼다. 아쉽게도 작가로 이름을 날리지는 못했다.

도 없는 걸 보니 글쓰기는 끝내주게 잘하려나 보다" 하고 말했을 정도다.

마이스의 글쓰기 실력은 그래도 꾸준히 늘어갔다. 작가가 될 가망이 있기는 한가 보다. 하여튼 가끔 다혈질이 되는 나는 앞으로 작가 지망생 조수는 다시 배에 태우지 않을 생각이다. 쿠바 해변이든 어디에서든 여름 내내 글쓰기 방법에 대한 문답에 시달릴 생각 따위는 전혀 없다. 우리 배 필라에 타고 싶어 하는 작가 지망생이 여자이고, 아름다운 외모에 샴페인까지 들고 탄다면 그땐 고려해보겠다.

이런 월간 기고문과 달리 나는 글쓰기를 매우 진지하게 생각하는 사람이다. 그렇다고 글쓰기에 대해 논하는 걸 좋아하지는 않는다. 여러 명의 사람들, 특히 살아 있는 인간들과의 논의라면 더욱 질색이다. 다 합쳐 100일하고도 열흘 동안 나는 마에스트로 씨와 글쓰기에 관해 이야기했는데, 나는 마이스 입에서 '글'이라는 단어가 나올 때마다 술병을 던지고 싶어 미칠 뻔했다. 아무튼 우리가 떠든 내용 일부를 여기 적어보고자 한다.

이 글을 읽고 글쓰기를 포기한다면 그래, 그런 사람은 차라리 포기하는 편이 낫다. 독자 중 누군가 뭐라도 배워가면 나로서도 행복한 일이다. 글이 지루하다고 느낀다면 다른 페이지를 봐라. 이 잡지에는 여러분이 볼 만한 다른 사진들이 잔뜩 있다. 우리 대화 내용을 왜 여기 싣는지 변명하자면, 내가 스물한 살 때 알았더라면 도움됐을 만한 정보가 꽤 들어있기 때문이다.

마이스_좋은 글과 나쁜 글을 구분할 때 좋은 글이란 어떤 거죠?

헤밍웨이_좋은 글이란 진실을 쓰는 거지. 작가가 인간의 삶에 대해 얼마나 많은 지식을 갖고 있고 얼마나 충실하게 삶을 살았는지에 비례해서 이야기가 더 진실되게 느껴지거든. 그래야 지어낸 이야기라 하더라도 진실에 가까울 수 있는 거야. 작가라면 인간이 무슨 생각을 하고 어떤 행동을 하는지 알아야지. 물론 몰라도 운 좋게 한동안은 버틸 수 있겠지. 판타지 소설을 쓰든가. 하지만 작가 자신이 이해하지 못하는 대상에 대해 계속 글을 쓰다 보면 결국 가짜 글을 지어낼 수밖에 없어. 가짜로 지어낸 글을 몇 번 쓰다 보면 더 이상 양심적으로 글을 쓸 수 없게 되지.

마이스_그럼 상상력은요?

헤밍웨이_사람들은 도대체 상상력이 뭔지 잘 모른다니까. 공으로 얻는 줄 알지. 어쩌면 인종에 따라 경험이 달라서 그런 건지도 몰라. 충분히 그럴 가능성이 있다고 생각해. 양심을 제외하고 작가가 갖춰야 할 덕목을 딱 하나만 더 꼽으라면 상상력이라고 할 수 있지. 경험으로 배우는 게 많아질수록 더 진실에 가깝게 상상할 수 있는 거야. 작가가 많은 일을 경험하고 진짜처럼 상상할 수 있게 되면 독자들도 글을 읽으면서 아, 이거 실제 일어난 일을 서술했나 보다 믿게 되는 거야.

마이스_그럼 실제 서술하고는 어떻게 다른데요?

헤밍웨이_독자들은 서술을 읽기는 하지만 기억을 못 해. 네가 어느 날 벌어진 사건을 서술했다 치자. 독자들은 그 일이 벌어진 시점을 기억하고 나름 머릿속에서 사건을 재구성하겠지. 한 달이 지나고 시간이라는 맥락이 사라지면 네가 쓴 글은 독자들에게 재미없게 느껴질 거야. 독자들은 더 이상 사건 장면을 머릿속에서 그리지도 기억하지도 못 해. 하지만 서술 대신 상상해서 이야기를 만들어내면 더 풍부하고, 완벽하고, 견고하고, 실제처럼 만들 수 있어. 좋고 나쁘고를 떠나 네가 창조하는 거야. 설명하려 들지 말고 상상을 하라는 말이야. 네가 상상해서 만들어낼 수 있는 만큼, 네가 아는 지식을 쏟아 넣는 만큼 네 글이 진실되게 느껴진다는 거지. 내 말 이해하니?

마이스_전부 다는 아니고요.

헤밍웨이_(짜증 내며) 그럼 이제 제발 다른 얘기 좀 하자.

마이스_(꿋꿋하게) 글쓰기의 기본에 대해 좀 더 말해주세요.

헤밍웨이_무슨 기본? 연필로 써야 하냐, 타자기로 쳐야 하냐 뭐 그런 거?

마이스_네.

헤밍웨이_자, 봐봐. 처음 글을 쓰기 시작하면 쓰는 사람만 혼자 신나고 독자들은 하나도 신날 일이 없겠지. 혼자 쓰면서 이왕 즐거울 거면 타자기를 써. 그만큼 쉽고 재밌으니까. 글쓰기를 배운 다음 작가가 해야 할 일은 뭐겠어? 독자가 모든 요소와 감정, 시선, 느낌과 시공간을 느낄 수 있도록 글에 담는 거지. 이렇게 하려면 네가 써놓은 글을 첨삭하는 과정이 필요해. 이때 연필을 사용하면 네가 쓰려는 내용이 독자에게 제대로 전해지는지 검토할 기회가 세 번 생겨. 원고를 고쳐 쓸 때 한 번, 첨삭한 내용을 타자기로 옮기면서 한 번, 마지막은 타자로 친 원고를 교정 볼 때. 연필로 쓰면 타자기로 치는 것보다 1/3 정도 개선할 기회가 늘어나는 거야. 야구선수 평균 타율로 0.333이면 엄청 좋은 거 아니냐. 이렇게 하는 동안 좀 더 익숙해질 테니 그만큼 고치는 것도 수월해질 거고.

마이스_하루에 글을 얼마큼 써야 할까요?

헤밍웨이_제일 좋은 방법은 글이 술술 써질 때, 다음 내용이 뭔지 머리에 있을 때 딱 멈추는 거야. 그렇게 매일 글을 쓰면 소설 한 편을 쓰면서도 절대로 막힐 일이 없지. 이게 내가 너한테 줄 수 있는 가장 소중한 팁이다. 꼭 기억해둬.

마이스_그럴게요.

헤밍웨이_꼭 글이 잘 써질 때 멈춰야 해. 그다음 날 글을 다시 쓸 때까지 아예 생각을 끄고 고민 자체를 하지 말아야 해. 그렇게 해야 네 머릿속의 무의식이 계속 돌아가는 거야. 반대로 네가 의식적으로 글을 생각하고 고민하다 보면 결국 네 뇌는 시작하기도 전에 피곤해진단 말이지. 소설을 한번 시작하면 말이야, 다음 날 글을 쓸 수 있을지 없을지 고민하지 말아야 해. 어차피 해야 할 일을 할지 말지 고민하는 것처럼 비겁한 짓이니까. 당연히 써야지. 걱정할 이유가 없는 거야. 이걸 깨달아야 소설을 쓸 수 있어. 소설에서 가장 어려운 게 바로 끝까지 쓰는 거거든.

마이스_어떻게 고민하지 않는 법을 배우죠?

헤밍웨이_생각을 끊어내는 게 방법이지. 머릿속에서 걱정이 시작될 것 같거든 바로 멈춰버려야 돼. 다른 생각을 하든지. 그걸 훈련해야 돼.

마이스_매일 글을 쓰기 전에 먼저 쓴 원고를 어느 정도 검토하세요?

헤밍웨이_제일 좋은 방법은 매일 원고 맨 처음부터 읽어나가면서 고치고, 전날 끝낸 부분부터 시작하는 거야. 원고가 길어지면 매일 이렇게 하기 힘들 테니 앞의 두세 장을 읽어. 그리고 매주 한 번씩 맨 앞부터 읽는 거지. 하나의 작품으로 엮는 과정이야. 글이 잘 써질 때 그만두는 것 잊지 말고. 그래야 계속 글이 나오고, 글을 쓰려고 할 때마다 막히지 않는 거야. 글이 더 안 나올 때까지 써버리고 나면 다음 날 기운이 빠져서 글을 쓸 힘이 안 나.

마이스_단편을 쓸 때도 그렇게 하세요?

헤밍웨이_응, 하루에 단편 하나를 끝내는 게 흔한 일은 아니니까.

마이스_단편을 쓸 때 줄거리가 어떻게 펼쳐질지 알고 시작하세요?

헤밍웨이_대부분 안 그렇지. 우선 이야기 지어내길 시작하고, 그다음엔 일어났을 법한 일이 일어났다고 써내려 가지.

마이스_대학에서는 그렇게 가르치지 않던데요.

헤밍웨이_내가 알 게 뭐냐. 난 대학에 간 적도 없는데. 원래 글을 좀 쓸 줄 아는 인간이었으면 대학에서 글쓰기나 가르치고 있지 않겠지.

마이스_저한테는 가르쳐주고 계시잖아요.

헤밍웨이_그거야 내가 좀 제정신이 아니라서 그렇지. 그리고 여기가 대학이냐? 보트지.

마이스_작가라면 어떤 책을 읽어야 할까요?

헤밍웨이_자기가 뛰어넘을 대상이 누군지 알아야 하니까 모든 책을 다 읽어야 해.

마이스_모든 책을 다 읽을 순 없잖아요.

헤밍웨이_다 읽을 수 있다고는 말 안 했다. 읽어야 한다 그랬지. 당연히 다 못 읽지.

마이스_그럼 꼭 읽어야 할 책은 뭔데요?

헤밍웨이_톨스토이의 《전쟁과 평화》《안나 카레니나》는 읽어야지. 캡틴 매리엇의 《사관생도 이지》《프랭크 마일드메이》《피터 심플》도 읽어야 하고. 플로베르의 《보바리 부인》《감정

교육》, 토마스 만의 《부덴브로크가의 사람들》, 제임스 조이스의 《더블린 사람들》《젊은 예술가의 초상》《율리시스》, 헨리 필딩이 쓴 《톰 존스》《조지프 앤드루스》도 읽고 말이야. 스탕달의 《적과 흑》《파르마의 수도원》, 도스토예프스키의 《카라마조프가의 형제들》과 그 외 두 작품이 더 있고. 마크 트웨인의 《허클베리 핀의 모험》, 스티븐 크레인의 《난파선》《푸른 호텔》, 조지 무어의 《환영과 작별》, 예이츠의 《자서전》, 그리고 모파상과 키플링의 훌륭한 작품들 전부, 투르게네프의 작품 전부, 허드슨의 《머나먼 나라 아득한 옛날》, 헨리 제임스 단편 중에서는 《마담 드 모브》《나사의 회전》《여인의 초상》《미국인》……

마이스_저 그렇게 빨리는 못 받아 적어요. 얼마나 더 있죠?

헤밍웨이_나머지는 다음에 알려줄게. 지금 얘기한 거의 세 배쯤 더 있으니까.

마이스_작가가 되려면 이걸 다 읽어야 해요?

헤밍웨이_다 읽고도 훨씬 더 많이 읽어야지. 안 그러면 내가 누구를 뛰어넘어야 할지 모를 거 아니냐.

마이스_뛰어넘는다는 게 무슨 뜻이죠?

헤밍웨이_자, 봐라. 네가 쓰려는 글을 누군가 이미 더 잘 써놓았으면 너는 글을 쓸 이유가 없겠지? 네가 더 잘 쓸 게 아니라면 말이야. 이 시대의 작가가 해야 할 일은 과거에 누가 쓰지 않은 걸 쓰든지, 아니면 이미 죽은 작가가 써놓은 걸 뛰어

넘는 그런 글을 쓰는 거야. 자기 실력이 어떤지 판단하려면 죽은 작가를 상대로 경쟁해야 돼. 지금 살아있는 작가들 대부분 실존하지 않는다고 봐도 돼. 작가의 명성은 비평가들이 만드는 거니까. 비평가들은 언제나 그 시기에 어울리는 천재 신인 작가를 만들어내지. 비평가들이 온전히 이해할 수 있는 수준에 있고, 한껏 끌어올려 칭찬해도 논란이 없을 만큼 안전한 작가이기도 하지. 그런데 이렇게 날조된 천재 작가는 죽으면 없어지고 말아. 진지하게 글을 쓰려는 사람의 경쟁 상대는 죽은 다음에도 여전히 재능 있는 작가로 여길 만한 사람들이어야 해. 달리기 선수가 자기 기록을 세우려고 뛰지, 다른 참가자를 상대로 뛰는 게 아닌 것처럼 말이야. 기록을 목표로 뛰지 않으면 그 선수는 자신의 능력이 어디까지인지 알 수 없겠지.

마이스_그런데 거장들의 작품을 읽다 보면 글쓰기를 아예 단념하게 될 수도 있지 않을까요?

헤밍웨이_그러면 단념해야지.

마이스_좋은 작가가 되기 위해 어릴 때 어떤 훈련을 받으면 좋을까요?

헤밍웨이_불행한 어린 시절.

마이스_토마스 만은 거장이라고 생각하세요?

헤밍웨이_《부덴브로크가의 사람들》까지만 쓰고 다른 걸 안 썼으면 그렇게 여겼을 것 같다.

251

마이스_작가 스스로는 어떻게 훈련해야 하나요?

헤밍웨이_오늘 우리가 뭘 하는지 똑바로 봐라. 물고기가 찌를 물면 여기 있는 사람들이 뭘 하는지 정확히 관찰해보라고. 물고기가 튀어 오르는 걸 보면서 흥분이 된다면 네가 그 감정을 정확히 어느 대목에서 느낀 건지 기억해보라는 거야. 낚싯줄이 바이올린 줄처럼 팽팽하게 당겨지는 순간인지, 아니면 물고기가 바다 위를 팍 치고 물이 튀는 순간인지 말이야. 어떤 소리가 나는지, 무슨 말이 오가는지 기억해야 해. 네 감정이 어디서 온 건지, 어떤 움직임이 너를 흥분하게 만드는지 알고 있어야 하고. 그다음에 그걸 독자가 분명히 볼 수 있게, 독자가 너랑 같은 감정을 느낄 수 있게 글을 쓰는 거야. 아주 기초에 속하는 연습이지.

마이스_그렇군요.

헤밍웨이_그러고 나서 다른 사람 머릿속에 들어가 보는 연습을 해야 돼. 내가 너한테 고래고래 소리를 지르면 내가 도대체 무슨 생각으로 그러는지, 너는 무슨 느낌이 드는지 분석하는 거야. 카를로스가 후안한테 욕을 하면 이 두 사람이 각자 어떤 입장에서 그러는 건지 생각해봐. 누가 옳은지 판단하라는 게 아니야. 인간이라면 뭘 해야 하는지, 뭘 하지 말아야 하는지 알아. 누가 옳고 그른지도 알고. 결정을 내리고 행동에 옮기기만 하면 되는 거야. 작가로서 누구를 판단하라는 게 아냐. 사람을 이해하는 게 작가의 역할이지.

마이스_알겠어요.

헤밍웨이_똑똑히 들어. 사람이 말을 할 때는 그 말을 완벽하게 들어야 하는 거야. 네가 무슨 대답을 할지 생각하고 있지 말라고. 사람들은 대부분 들을 줄 몰라. 관찰할 줄도 모르고. 어떤 방에 들어갔다 나오면 네가 그 방에서 뭘 봤는지 다 알고 있어야 해. 그 방에서 어떤 감정을 느꼈으면 그 감정을 불러일으킨 대상이 뭔지 정확히 알고 있어야 하는 거고. 이런 연습도 괜찮아. 시내에 나가거든 어디 영화관 앞에 서서 관찰하는 거야. 택시나 자동차 안에서 사람들이 내리는 모습, 그게 어떻게 다른지. 연습하겠다고 마음만 먹으면 방법이야 수천 가지지. 항상 다른 사람들에 대해 생각해야 돼.

마이스_제가 작가가 될 수 있을까요?

헤밍웨이_내가 그걸 어떻게 아냐? 재능이 없을 수도 있고, 공감 능력이 떨어질 수도 있고. 써낼 수만 있으면 괜찮은 얘깃거리는 좀 있는 것 같던데.

마이스_괜찮은 얘깃거리인지 어떻게 알 수 있죠?

헤밍웨이_그냥 써. 한 5년쯤 노력해보고. 해봤는데 영 재능이 없다 싶으면 자살하든가 해. 뭐 지금 하든지.

마이스_저는 자살 안 할 건데요.

헤밍웨이_그럼 다시 나한테 와. 내가 쏴줄게.

마이스_감사합니다.

헤밍웨이_녀석, 뭐 그 정도 가지고. 이제 다른 얘기 좀 할까?

마이스_다른 얘기 뭐요?

헤밍웨이_뭐든 좋아. 다른 얘기 뭐든.

마이스_알겠어요. 그런데……

헤밍웨이_거기까지만 해라. 글쓰기 얘기는 이제 그만. 오늘은 여기까지. 가게 문 닫았어. 주인장은 일 끝났다고.

마이스_알았어요. 그런데 내일 여쭤볼 것들은 또 있어요.

헤밍웨이_내가 장담하는데, 글이란 걸 어떻게 쓰는지 알고 나면 글 쓰는 데 확 재미가 붙을 거야.

마이스_무슨 뜻이죠?

헤밍웨이_무슨 뜻이긴, 너도 알잖아. 재미있게 즐겁게 신나서 쓰는 거 말이야. 걸작을 휘리릭 써내는 그런 거지.

마이스_그런 건 어떻게……

헤밍웨이_거기까지.

마이스_알았어요. 그럼 내일……

헤밍웨이_그래, 좋아. 알겠어. 하지만 내일이야.

⭕ 단행본

Ernest Hemingway, 『By-line: Selected Articles and Dispatches of Four Decades』, Arrow Books, 2013.

Ernest Hemingway(Author), Sean Hemingway(Editor, Foreword), 『Hemingway on War』, Vintage, 2014.

⭕ 기타 간행물

『The Hemingway Papers － 1020 to 1924』, The Toronto Star.

『KEN the Insider's World Magazine』 Vol. 1. No. 2. April 21st, 1938.

⭕ 온라인 참고 자료

Esquire Classic (classic.esquire.com)

The New Republic (newrepublic.com)